Cayetano de Cabrera y Quintero

# El Iris
# de Salamanca

Barcelona **2024**
**Linkgua-ediciones.com**

# Créditos

Título original: Comedia nueva El Iris de Salamanca.

© 2024, Red ediciones S.L.

e-mail: info@linkgua.com

Diseño cubierta: Michel Mallard

ISBN tapa dura: 978-84-9953-968-3.
ISBN rústica: 978-84-9816-151-9.
ISBN ebook: 978-84-9007-528-9.

# Sumario

## Brevísima presentación

### La vida

Cayetano Cabrera y Quintero (Ciudad de México, 1698-1775). México. Se sabe muy poco de su vida, aunque escribió testimonios valiosos para la comprensión de la historia de México. Doctor en derecho por la Real y Pontificia Universidad, en 1730 fue capellán de pajes del virrey y del arzobispo. Tradujo obras del latín, griego y hebreo. Nació y murió en la ciudad de México.

Comedia nueva El Iris de Salamanca

# Personajes

San Juan Sahagún
Pedro, *Gracioso*
Don Félix Manzano
Don Diego Morales
Don Pablo Manzano
Don Andrés Manzano
Don Luis Manzano
San Juan Monroy
Doña Leonor Monroy

Doña Clara Manzano
Don Antonio Monroy
Don Eugenio Monroy
Fabio
El Prior De San Agustín
Una Mujer
Un Niño
Dos Embozados
Las Tres Furias

## Jornada primera

(Salen San Juan y Pedro de clérigos.)

San Juan          Sígueme Pedro.

Pedro                          A mi fe
                    pluguiera que menos corto,
                    de tu omnia mea meas porto,
                    no oyera el sequere me.
                    Cuanto tu ingenio agradando                    5
                    ha ido, señor, adquiriendo
                    como lo vas poseyendo,
                    lo vas sin seso dejando.
                    Niño eras cuando colaste
                    un beneficio, y muy triste              10
                    a otro el beneficio hiciste,
                    cuando el tuyo renunciaste.

San Juan          Sin servirlo, ¿fuera bien
                    lograr, Pedro, su caudal?

Pedro              Pues digo ¿y quien sirve mal          15
                    no cobra, señor, también?
                    Todavía de estudiar
                    tu aplicación no acababa,
                    y ya tu padre estudiaba
                    en hacerte familiar                    20
                    de aquel ilustre prelado
                    que, en Burgos constituido,
                    logró, en riesgos de temido,
                    obsequios de venerado.
                    Pero ya en ti se baraje                25
                    el proloquio introducido,

|  | pues, aunque tú paje has sido, |  |
|--|--|--|
|  | no estudiaste para paje. |  |
| San Juan | Si tanto erré como viste, |  |
|  | claro está que no estudié. | 30 |
| Pedro | Por eso mismo, y porque |  |
|  | dejaste cuanto adquiriste, |  |
|  | hízote este gran prelado |  |
|  | su camarero y después |  |
|  | su limosnero, que es | 35 |
|  | cargo muy aprovechado. |  |
|  | Y cuando empezar debías |  |
|  | esta caridad por ti, |  |
|  | el caudal de tu amo, y |  |
|  | aun el tuyo, repartías. | 40 |
|  | Premio, que éste es nuevo modo, |  |
|  | de tu virtud extremada; |  |
|  | pues no persistiendo en nada |  |
|  | quiere así dejarlo todo. |  |
| San Juan | Pedro, el consuelo previenen | 45 |
|  | los disgustos que te aquejan, |  |
|  | pues bienes que así se dejan, |  |
|  | mejor entonces se tienen. |  |
|  | A otra empresa me convoca |  |
|  | Dios, que mucho más nos ama; | 50 |
|  | y pues Dios, Pedro, me llama, |  |
|  | a mí seguirle me toca. |  |
|  | Advierto el sangriento estrago |  |
|  | de esta ciudad, y es buen medio |  |
|  | anticipar el remedio | 55 |
|  | a los golpes del amago. |  |
|  | Y si bien las señas oí |  |

|  |  |  |
|---|---|---|
|  | nos dio don Félix Manzano, | |
|  | está la casa a esta mano | |
|  | de doña María Monroy, | 60 |
|  | noble viuda en quien se advierte | |
|  | que, al rigor de hados prolijos, | |
|  | de dos sus amados hijos | |
|  | llora la violenta muerte. | |
|  | Guía para ella. | |

| Pedro | Señor, | 65 |
|---|---|---|
|  | Ya anochece, y no quisiera... | |

| San Juan | ¿Qué? |
|---|---|

| Pedro | ...que alguno nos dijera |
|---|---|
|  | a palos... |

| Diego (Dentro.) | ¡Muere traidor! |
|---|---|

(Ruido de cuchilladas. Sale Don Félix de estudiante con cuello, media sotanilla, capa y broquel riñendo con Don Diego.)

| Félix | Obliguen iras y enojos | |
|---|---|---|
|  | a quien no obligan corteses | 70 |
|  | razones. | |

| Diego | Castigue el brazo |
|---|---|
|  | al que profanar se atreve |
|  | umbrales que yo venero. |

| San Juan | Don Félix, amigo, tente. |
|---|---|

| Diego | (Aparte. Gente llega. Y, pues, llamado | 75 |
|---|---|---|
|  | mi brío en secreto viene | |

de doña María Monroy,
que me vean no es decente.)
¡Sígueme traidor!

(Vase.)

Félix                          ¡Tras ti!

San Juan        ¡Teneos por Dios, don Félix!                    80
                ¿Qué ha sido esto?

Félix                        Nada, padre,
                soltad.

San Juan              Ved que no parece
                bien que quien a Salamanca
                pasmada y absorta tiene
                con su ciencia, la alborote                       85
                con bríos menos decentes.
                Yo he de saber lo que ha sido.

Félix           Pues vuestra porfía quiere,
                declararos amoroso
                más que mostraros prudente,                       90
                escuchadlo: en esa casa
                que inmediata se previene,
                vive una dama tan bella
                No que la retrato pienses,
                que —pues me quejo celoso-                        95
                no he de pintarla elocuente.
                Su nombre callara, pero
                mi ingenuidad no conviene
                en que ignores algo, cuando
                saberlo todo pretendes.                          100

Doña Leonor de Monroy
es el centro de mis bienes,
la llama en que, mariposas,
mis rendimientos se encienden.
Galantéola tan fino                                           105
que, para verla, impaciente
con el día ruego al Sol
que halle su ocaso en su oriente.
Esta tarde, cuando ya
ese rubicundo fénix                                          110
en las llamas de sí mismo
moría lúcidamente,
a hallar venía en sus ojos
luces más resplandecientes;
cuando ese galán cobarde                                     115
que, en traje de quien no teme,
finca en exterioridades
los resabios de valiente,
a sus umbrales, inmoble
estatua viva parece.                                         120
Yo, en quien las mismas finezas
celan tanto como quieren,
te suplico cortesano,
que tan ardua empresa deje.
Pero él, que quizá medía                                     125
del valor las altiveces
por el cuerpo, con la espada
determinó responderme.
Desnudo está y defendido
de ella y este broquel breve,                                130
que a las letras no se oponen
armas, y menos broqueles.
Hasta aquí llegué riñendo,
donde tú, molesto quieres

|  |  |  |
|---|---|---|
|  | saber de mí lo que ha sido. | 135 |
|  | Quise yo que lo supieses. |  |
|  | Obedézcote, y pregunto |  |
|  | si hay más en que obedecerte. |  |

Pedro            Ello es que no lo dijera

César más concisamente.    140

San Juan       Don Félix, luego que yo

llegué a este emporio luciente

de las letras, me debísteis

un amor tan sin dobleces,

que estimándoos como a todos,    145

como a ninguno os prefiere.

No quisiera que la nave

de vuestro ingenio excelente,

entre escollos de sirenas,

prisionero Ulises fuese.    150

Félix           Lo que debo hacer...

Pedro                   Lo sabe,

pero no hace lo que debe.

Félix           Bufones y entrometidos

(Ásele de un brazo.)

si no lo sabe, me muelen.

Y, si no querrá que yo    155

contra esa pared lo estrelle.

Pedro (Aparte.)   Aquí dicen «guarda, Pablo»

y debe ser «guarda, Félix».

San Juan       Saber, amigo, el camino

**16**

y en la jornada perderse,                         160
más que culpas de ignorante,
son errores de rebelde.
Si acaso de vuestro padre,
de quien obligado huésped
soy, el amor no os obliga,                         165
los respetos os enfrenen.
No queráis que, a estos disgustos,
su robustez consistente
pase de maduro agosto
a ser helado diciembre.                            170

Félix
La muerte, don Juan amigo,
es deuda que todos deben
y evitarla cada cual
debe en el modo que puede.
Si esto a mi padre acabare,                        175
muera, que mi ardor no quiere
que de achaques de cobarde
me sobrevenga la muerte.

Pedro
Vea que su vivir torcido

Félix
El charlatán, pues pretende                        180
enderezar en sus lomos,
rectos haga esos reveses.

(Dale y vase.)

Pedro
¡Ay, ay, ay! ¡Tente, demonio!
¿Esto mi Padre consiente?

San Juan
Sufrir Pedro, que en el valle                      185
de lágrimas y de hieles

quien no sufre lo enojado,
no consigue lo paciente.

(Vase.)

Pedro

Sufra él, a quien con razón
estos reveses se deben,                                    190
pues Quijote a lo divino
a deshacer tuertos viene..

(Vase.)

(Salen Don Diego, Doña María y Leonor de luto.)

Diego

Bien, bella doña María,
antes que mi amor leyese
en el papel de tu cuerpo                                   195
esos negros caracteres,
me anunciaba tu desgracia
pues, apenas fijé en ese
umbral los primeros pasos,
cuando, del pesar que sientes,                             200
los aspectos de un disgusto
fueron pronósticos fieles.

Doña María          ¿Disgusto?

Diego                        Sí, un caballero.

Leonor (Aparte.)    Sin duda, la infausta suerte
hizo maliciar a Diego                                      205
que Félix venía a verme.

Diego (Aparte.)     Una, en su pesar dormida,

|                |                                                                  |     |
|----------------|------------------------------------------------------------------|-----|
|                | otra, hermosa, y detenerme<br>un hombre entrar en su casa,<br>no sé qué, el alma recele. | 210 |
| Doña María     | ¿Qué te ha asustado, Leonor?<br>Don Diego, ¿qué te suspende?     |     |
| Diego          | Mis pesares y los tuyos.                                          |     |
| Doña María     | Aun son más de los que entiendes.<br>Salte allá fuera Leonor.    | 215 |
| Leonor         | Sin duda, informarle quiere<br>de todo. ¿Cómo evitara<br>que hablar a solas pudiesen?<br>Pero pierda yo la vida<br>antes que pierda a don Félix. (Vase.) | 220 |
| Diego          | Ya estamos solos.                                                |     |
| Doña María     | Pues ahora,<br>aunque a costa de que aneguen<br>los piélagos de mi llanto<br>de mis penas los bajeles,<br>de haberte solicitado<br>la causa sabrás, y breve.<br>Ya sabes, y pues lo sabes,<br>solo quiero que te acuerdes<br>de nuestra antigua nobleza,<br>y que soy, y he sido siempre,<br>doña María de Monroy,<br>de aquel tronco floreciente<br>que, ilustremente poblado<br>de antiguas ramas aún verdes, | 225<br><br>230 |

**19**

entre sus hojas por frutos                           235
dio coronas y laureles.
También sabes que antes que
doce primaveras viese,
ya con don Enrique Henríquez
que, en paz (¡ay memoria tente!                      240
no, pues son mis penas graves
las hagas por muchas leves),
me había desposado. El cual
desposo, a la parca débil,
quedé yo sin luz, sin padre                           245
mis hijos, la villa alegre
de Villalba sin señor.
Yo, madre en edad tan breve,
que los hijos y la madre
creciendo iban juntamente.                            250
No obstante, en mis pocos años
afectando madureces
de más edad, trató de
reparar el decadente
edificio de mi casa,                                  255
de darle columna fuerte
en mi hijo don Pedro Henríquez
-que éste era el mayor. Y a este
efecto buscó mi amor,
sujeto de tales creces,                               260
que al paso que lo igualase
su persona mereciese.
Casó, y fue a la de su padre
tan semejante su suerte
que, logrando de su esposa                            265
los cariños más recientes,
trocó las teas de himeneo
en las hachas de la muerte.

Quedaron sus dos hermanos
tiernos, sí, pero tan fieles                         270
copias del original
de don Pedro que yo, al verlos,
para que al gusto engañasen,
no esperé a que adoleciesen.
Niños, discretos, galanes,                           275
apersonados, corteses,
finalmente tan queridos
de todos, que solamente
les faltó ser niñas, para
que de mis ojos lo fuesen.                           280
Mas como la suerte solo
en villanías se estrene,
a los ojos de la cara,
me quiso tocar la suerte.
Lucían en Salamanca                                  285
con prendas no diferentes,
del mismo tiempo otros dos
jóvenes de la progenie
de los Manzanos. Sin duda
nobles, pero el labio miente,                        290
que no es noble quien su estirpe
con delitos obscurece.
Estos dos, contravenidos
por cierto disgusto leve,
con mis tiernos benjamíes,                           295
con sus amigos fieles,
a enconos de su malicia
quebraron villanamente,
si a su amistad los espejos,
a mí los ojos, ¡ah crueles!                          300
¡Plegue a los cielos sagrados!
¡Plegue a su justicia! ¡Plegue

que, peregrinos y errantes,
ningún lugar os albergue!
¡El mar os niegue sus ondas                                    305
y cuando os las concediere,
hambriento monstruo de vidrio
os devore entre sus dientes!
El dolor que siento sientan,
y éste, a tal extremo llegue,                                  310
que de venganzas que espero,
ni aun el consuelo les quede.

(Sale Leonor.)

Doña María            Pero ¿qué es esto Leonor?

Leonor (Aparte.)      Mucho mi recelo teme.

Doña María            ¿Qué te asusta?

Leonor                        Don Juan                            315
                      González hablarte quiere.
(Aparte.)             (Así procuro evitar
                      que mi culpa revele.)

Doña María            Detente, Leonor, no quieras
                      que más enojada...

Leonor                        Apele                              320
                      a su piedad mi aflicción.

(Vase.)

Diego                 Vuelve en ti.

| Doña María | Arrebatéme |
|---|---|
| | del enojo que cortó |
| | las razones que a atar vuelve. |

(Salen San Juan y Leonor al paño.)

| Leonor | Aquí, humilde te suplica | 325 |
|---|---|---|
| | doña María que esperes. | |
| | Y guarda, señor, mi vida, | |
| | que aquí se trata mi muerte. | |

(Vase.)

| San Juan | ¡Oh mala conciencia! ¡Como | |
|---|---|---|
| | de cualquiera sombra temes! | 330 |

| Doña María | Desde entonces quedé yo... | |
|---|---|---|
| | Pero tú discurrir puedes | |
| | cómo quedaría. Baste | |
| | decir que, triste y rebelde, | |
| | con el pesar y el enojo | 335 |
| | represé hasta las corrientes | |
| | de llanto. Sin admitir, | |
| | de amigas ni de parientes, | |
| | consuelo que a la venganza | |
| | su proa no dirigiese. | 340 |
| | Hasta ahora, cuatro días | |
| | que con el feliz franqueante | |
| | de que, a esta ciudad, llegara | |
| | un santo varón. | |

| San Juan | Pluguiese | |
|---|---|---|
| | a los cielos que tú y todos, | 345 |
| | como yo debo ser fuesen. | |

| | |
|---|---|
| Doña María | Este, que como ya oíste, |
| | me está esperando al presente |
| | para que mi mal sanara. |

| | | |
|---|---|---|
| San Juan | ¡Ojalá lo consiguiese! | 350 |

| | |
|---|---|
| Doña María | Dirigió a casa una amiga, |
| | pero ya sin tiempo viene. |

| | |
|---|---|
| San Juan | Siempre para Dios es tiempo. |

| | | |
|---|---|---|
| Doña María | Porque ya mis penas tienen | |
| | en ti librado el alivio. | 355 |
| | ¡Ea don Diego!, si merece | |
| | mi dolor tu compasión, | |
| | si aún en tu aprecio florecen | |
| | aquellos finos cariños | |
| | con que insaciablemente | 360 |
| | querías que en blando juego | |
| | nuestra voluntad se uniese, | |
| | cuando advirtiendo mi padre | |
| | tu pobreza, solamente | |
| | casándome con Enrique, | 365 |
| | prefirió sus intereses. | |
| | Duélete de mi dolor, | |
| | mi agraviado honor defiende. | |
| | Mi sangre eres, pues también | |
| | mi agravio te pertenece. | 370 |
| | Mi cuidado de estos dos | |
| | fugitivos delincuentes | |
| | el refugio no ha sabido. | |
| | Y ¡ojalá que lo supiese!, | |
| | que, aunque el abismo eligieran | 375 |

para su seguro albergue,
fuera yo al infierno.

San Juan                     El cielo
tu ira desbocada enfrene.

Doña María          Y en las azufradas ondas
de sus fétidas corrientes                          380
los sofocara, aunque yo
naufragante pereciese.
De ti este cuidado fío,
en ti espero que se vengue
el honor de los Monroyes.                          385
¡Mueran, mueran los aleves
Manzanos!, pero no quiero,
para que mejor te empeñes,
intimarte obligaciones
de allegado y de pariente.                         390
No que entre tantos bizarros
caballeros, que ennoblece
actualmente en Salamanca
mi sangre, a ti te eligiese
por más apto a mi venganza.                        395
No te ruego que te acuerdes
que me quisiste algún tiempo,
solo sí, que consideres
que soy mujer y agraviada,
que tú caballero eres,                             400
que arrodillada a tus pies
quiero que rendidamente
los labios que te lo piden
estos pies humildes besen. (Bésalos.)

Diego               ¿Qué haces? Levanta, que bastan     405

para que en mí consiguieses
obediencias más rendidas,
insinuaciones más leves.
Yo haré pues que...

(Sale San Juan.)

San Juan                        No haréis más
que lo que el cielo quisiere.                        410

Doña María          ¡Don Juan! ¿Vos? ¿No le mandaron
padre, que allá fuera espere?

San Juan            Confieso el mandato, pero
¿cómo quieres que estuviese
quedo al mirar que aquí dos,                        415
desde la cima eminente
hasta él más profundo seno,
se despeñaban?

Diego y Doña María          ¿Y quiénes?

San Juan            Bien los conocéis vosotros.
Vosotros mismos, que desde                        420
la cumbre de vuestras iras
os despeñáis tristemente
hasta el infierno.

Diego                        Y a mí
¿con parábolas me viene?
Vaya al púlpito con ellas,                        425
pues yo sé qué hacer se debe
cuando el honor se agravia
y suplican las mujeres.

(Vase.)

| | |
|---|---|
| San Juan | ¿Posible es, doña María, |
| | que así tu juicio se deje                    430 |
| | arrastrar de la pasión? |

| | |
|---|---|
| Doña María | Disculpa en mis penas tiene... |

| | |
|---|---|
| San Juan | No niego que es excesivo |
| | tu pesar, mas tú pretendes |
| | cuando haces tales excesos,               435 |
| | que a ser excesivo llegue. |
| | El padecer no es más que |
| | sentir lo que se padece, |
| | luego, sentirá menos |
| | el que menos sentir quiere.               440 |

| | |
|---|---|
| Doña María | Don Juan, el peso conozco |
| | de tus razones. |

| | |
|---|---|
| San Juan | Pues cese |

| | |
|---|---|
| Doña María | la razón de persuadir |
| | a quien sus pasiones vencen. |

(Vase.)

| | |
|---|---|
| San Juan | Poco hará, Señor, la lengua                445 |
| | si tú el corazón no mueves. |
| (Entra y luego sale.) | Ya estoy en la calle y Pedro |
| | no ha venido, ni parece. |
| | ¿Dónde estará? |

(Sale Pedro.)

| | |
|---|---|
| Pedro | En una ermita |
| | he estado devotamente                     450 |
| | chucheando con un amigo |
| | que vino. |

| | |
|---|---|
| San Juan | ¿Pedro? |

| | |
|---|---|
| Pedro | ¿Qué gente? |
| | ¡Téngase! ¡Válgame Dios! |
| | ¡Qué procesión tan solemne! |
| | ¡Qué luces! Cielos, ¡qué estrellas!        455 |

| | |
|---|---|
| San Juan | Pedro, ve, el farol enciende. |

| | |
|---|---|
| Pedro | ¿Cómo? ¿Qué? No hay más farol |
| | que los que en mis ojos vienen. |

| | |
|---|---|
| San Juan | ¿Qué en tan tenebrosa noche |
| | se te olvidase? |

| | |
|---|---|
| Pedro | Dejéle                     460 |
| | encendido en una ermita, |
| | pues sin luz vino en mi vientre. |

| | |
|---|---|
| San Juan | Lo peor es que tempestuoso |
| (Ruido de tempestad.) | en diluvios se desprende |
| | el cielo. |

| | |
|---|---|
| Pedro | Para mí, padre,                     465 |
| | ya sobre mojado llueve. |

(Truenos.)

| | |
|---|---|
| San Juan | ¡Ay Jesús! |
| Pedro | ¿Quién se persigna<br>porque el cielo ventosee?<br>A Dios, capote de luto. |

(Truenos.)

| | | |
|---|---|---|
| San Juan | ¿Qué es, Pedro? | |
| Pedro | Aquel tranchete | 470 |
| | relámpago que, rasgando | |
| | al cielo el obscuro vientre | |
| | hace que por el rasgón | |
| | redaños de luz enseñe. | |
| San Juan | ¿Qué traes, que cayendo vas? | 475 |
| Pedro | Un granizo que hasta veinte | |
| | arrobas me ha trascordado. | |
| San Juan | Aunque perdí, parece | |
| | la calle. Abrígate y anda. | |
| Pedro | Buen abrigo nos previenen | 480 |
| | manteos en que calabazas | |
| | se pueden cernir por nueces. | |
| San Juan | Gente viene, no te aflijas. | |

(Salen dos Embozados.)

| | |
|---|---|
| Primero | ¡Oh! Pese a los cielos, pese, |

|  |  |  |
|---|---|---|
|  | pues el remedio anticipan | 485 |
|  | antes que el estrago llegue. | |

Segundo    En este hipócrita necio
           todo el infierno se vengue.

San Juan   Si van calle arriba, amigos,
           guíennos.

Pedro                    ¡Y cómo hieden          490
           los hermanos!

Primero                  A los dos
           nos sigan.

Pedro                    ¿Y es buena gente?
           No saquen luego las uñas.

Segundo    Ande, si que lo guíen quiere.

(Dale un empellón y cae por un escotillón.)

Pedro      ¡Ay!, padre, que en una fosa      495
           me he sumido hasta los dientes.
           ¡Que me ahogo!

San Juan                 ¿No le decía
           que con cuidado anduviese?

Pedro      ¿Qué hace el cuidado, si el diablo
           rempujándome va?

Segundo                  Miente,             500
           solo el vino es quien le empuja.

| | |
|---|---|
| Primero | Por aquí. |

| | |
|---|---|
| Pedro | Propiamente<br>esto es guiarnos calle arriba. |

(Suben por la falda de un monte que estará, de suerte que, abriéndose por medio y cayendo los dos queda San Juan y Pedro cuasi en el aire sin poder bajar.)

| | |
|---|---|
| Primero | Bajen. |

| | |
|---|---|
| San Juan | Ya vamos. |

| | |
|---|---|
| Voz (Dentro.) | Detente. |

| | | |
|---|---|---|
| San Juan | Traidores, ya os conocí. | 505 |

| | |
|---|---|
| Pedro | Padre, mal camino es éste. |

| | |
|---|---|
| Primero | Baje, que otro paso no hay<br>si desde aquí no descienden. |

| | | |
|---|---|---|
| San Juan | En nombre del Criador,<br>a quien tentaste igualmente,<br>te mando que a sus criaturas<br>infiel vestiglo no tientes. | 510 |

(Húndense los dos y bajan quedando en el aire dos ángeles con hachas y suena música.)

| | |
|---|---|
| Los dos | El infierno nos sepulte. |

| | |
|---|---|
| Pedro | ¡Padre, que se desvanece |

|  |  |  |
|---|---|---|
|  | la cabeza! ¡Que me caigo! | 515 |
| San Juan | ¡Oh Señor omnipotente! ¡Cuál te hallará quien te sirve, si así te halla quien te ofende! |  |
| Ángeles | Sigue nuestras huellas, Juan. |  |
| San Juan | ¿Cómo puedo si aún no tienen aquí firmeza las mías? | 520 |
| Ángel primero | Pues a mi voz, obediente la falda que te elevó para que desciendas vuelve. |  |

(Vuelve la apariencia de monte y bajan.)

|  |  |  |
|---|---|---|
| Ángel segundo | Repitiendo nuestras voces para tu consuelo alegres. | 525 |
| Los dos (Cantando.) | ¡Qué importa que las fatigas al justo las luces nieguen, si en tinieblas de aflicciones sus luces el cielo enciende! | 530 |
| San Juan | Si así es la serenidad, venga la tempestad siempre. |  |
| Pedro | ¡Oh qué lindos pajes de hacha! ¡Y quién fuera su pariente! |  |

(Vanse.)

(Vanse los Ángeles alumbrando y sale Don Diego de labrador.)

| | | |
|---|---|---|
| Diego | Nadie admire mi mudanza | 535 |
| | que a esto obligan, a fe mía, | |
| | ruegos de doña María | |
| | y deseos de su venganza. | |
| | A casa don Luis Manzano | |
| | me trae así mi destino | 540 |
| | por ver cómo el camino | |
| | a mis deseos allano. | |
| | Pero, él viene. | |

(Sale Don Luis.)

| | | |
|---|---|---|
| Luis | Pues, buen hombre | |
| | ¿qué quiere? | |
| Diego | Guióme aquí | |
| | un amigo que de ti | 545 |
| | me dio las señas y nombre, | |
| | diciéndome ser pudiese | |
| | que tu riqueza, no escasa, | |
| | quisiese quien en tu casa | |
| | o en el campo te sirviese. | 550 |
| Luis | Es cierto, le busqué, sí, | |
| | mas para otro efecto fue. | |
| Diego | ¿Hacerlo yo no podré? | |
| Luis | Clara, manda abrir aquí. | |

(Sale Clara.)

| | |
|---|---|
| Clara | Señor ¿qué mandas? |

| | | |
|---|---|---|
| Luis | Que hay, Clara... | 555 |

| | |
|---|---|
| Diego | ¡Ah más divina hermosura! |

| | |
|---|---|
| Luis | Muy poco Félix se apura<br>con mi encargo. |

(Sale Don Félix con manteo.)

| | | |
|---|---|---|
| Félix | Que te hallara<br>juzgué en otra parte, y fui<br>de san Bartolomé al gran<br>colegio. | 560 |

| | |
|---|---|
| Luis | ¿Ya está don Juan<br>Sahagún allá? |

| | |
|---|---|
| Félix | Señor, sí.<br>Y esta tarde posesión<br>de la beca tomará. |

| | | |
|---|---|---|
| Luis | Así, discurro, tendrá<br>efecto su vocación.<br>¿Y de la suerte fatal<br>de tus primos no has sabido? | 565 |

| | | |
|---|---|---|
| Félix | Lo que oí decir, he oído,<br>es, señor, que a Portugal<br>algunos partir los vieron,<br>después de la ejecución<br>del homicidio. | 570 |

| | |
|---|---|
| Diego | Atención. |

| | |
|---|---|
| Luis | ¿Que a Portugal se partieron? |
| Félix | Sí señor, mas ¿qué has de hacer? 575 |
| Luis | De este hombre, que por la puerta<br>se me ha entrado, si es cierta<br>tu noticia, he de saber.<br>¿Querrás, a Portugal ir? |
| Diego | De servirte solo trato. 580 |
| Luis | Pues espera afuera un rato<br>mientras que puedo escribir. |
| Diego | Ya nuestra venganza encuentro<br>en este principio cierta. |

(Va a entrar por donde está Clara.)

| | |
|---|---|
| Félix | Oís, salid por esta puerta 585<br>que esotra cae allá dentro. |

(Vase.)

| | |
|---|---|
| Diego | ¿Que mucho mis desvaríos<br>exciten estos enojos?<br>¿Si aquellos hermosos ojos<br>son ya el imán de los míos? 590 |

(Vase.)

| | |
|---|---|
| Luis | Manda, Clara, que a esta sala<br>saquen, de escribir, recado. |

(Vase.)

| Clara | En villano no he notado |
| | más presencia, ni más gala.. |

(Vase.)

(Salen Don Pablo y Don Andrés.)

| Andrés | ¿Quién podrá, hermano, sufrir | 595 |
| | sin que lo acabe el tormento, | |
| | el torcedor de un temor | |
| | en el potro de un destierro? | |

| Pablo | Gajes son del homicida, | |
| | Andrés, fugas y recelos, | 600 |
| | mayorazgo a que Caín | |
| | lo hizo forzoso heredero. | |
| | Bien, que aunque nuestros bríos | |
| | son de este delito reos | |
| | de sus penas nos exime | 605 |
| | así lo justo del hecho, | |
| | como que así lo conozcan | |
| | de los Monroyes los deudos. | |

(Sale Don Diego.)

| Diego | Sobre la posta del aire, | |
| | espoleado del deseo | 610 |
| | de mi venganza, he corrido | |
| | toda la raya al reino | |
| | de Portugal sin hallar | |
| | el blanco de mis anhelos. | |

No obstante, grande esperanza                    615
aquí, en dos iglesias, tengo
de hallarlos. Pero ¿qué miro?
¿No me diréis caballeros...?

(Llega Diego por detrás, asústanse Pablo y Andrés y sacan las espadas.)

Los dos              ¿Quién es? ¿Quién va? Traidor, muere
                     a mis manos.

Diego                      Deteneos.                    620

Andrés               ¿Qué pretendéis? ¡Retiraos!

Diego (Aparte.)      (Mucho de esta acción sospecho.
                     Ya todo el reino explorado,
                     hallar aquí dos mancebos
                     tan parecidos, y lo                    625
                     que más es, a un solo eco
                     temerosos y alterados,
                     escribir, no sin misterio,
                     en el papel de sus rostros
                     las negras notas del miedo.            630
                     Indicio de que ellos son,
                     es. Y cuando no sean ellos
                     —que es difícil—, si no gano
                     nada, nada también pierdo.)
                     Recibid de vuestro tío.                635

Pablo                ¿Don Luis Manzano?

Diego                      El mismo.

Andrés               ¿De mi tío?

**37**

| Diego | Él lo dirá. |
|---|---|

| Pablo | Dúdolo, aun cuando lo leo. |
|---|---|
| (Lee.) | Aunque mucho me enojasteis, |
| | que me enojarais más, creo, | 640 |
| | si os quedarais agraviados |
| | los dos y no satisfechos. |
| | Acá duermen los Monroyes, |
| | mas no obstante, manteneos |
| | allá hasta que su agravio | 645 |
| | duerma en más profundo sueño. |

| Diego (Aparte.) | Créanlo, sí, y bien creído |
|---|---|
| | échense a dormir con ello. |

| Pablo | ¿Qué dices? |
|---|---|

| Diego | Que por don Luis, |
|---|---|
| | haberos hallado aprecio. | 650 |

| Andrés | ¿Le servís? |
|---|---|

| Diego | Le sirvo, sí es |
|---|---|
| | ejecución el deseo. |

| Pablo | Tener a uno de su parte, |
|---|---|
| | para un triste es gran consuelo. |
| | Pues, si queréis con nosotros | 655 |
| | quedaros, tendréis a un tiempo |
| | amigos y... |

| Andrés | A mí me basta |
|---|---|
| | tener a los dos por dueño |

|       |                                                                 |     |
|-------|-----------------------------------------------------------------|-----|
|       | de mi venganza.(Aparte. A la torre,                             |     |
|       | no es éste mal fundamento.)                                      | 660 |

Pablo     Ya, aunque tarde la fortuna,
          mudo el semblante severo.

(Vase.)

Andrés    Por dilatado, nunca es
          mal recibido un consuelo.

(Vase.)

|       |                                                                 |     |
|-------|-----------------------------------------------------------------|-----|
| Diego | ¡Oh! ¡Agraviado honor! Este es                                  | 665 |
|       | el primer paso a tu duelo,                                      |     |
|       | favoréceme, que yo                                              |     |
|       | a tus altares prometo                                           |     |
|       | que doña María, que es                                          |     |
|       | la que más ama tus fueros,                                      | 670 |
|       | los gustos de esta noticia                                      |     |
|       | te recompense en obsequios..                                    |     |

(Vase.)

(Sale San Juan de colegial de san Bartolomé de Salamanca y Pedro de fámulo.)

|       |                                                                 |     |
|-------|-----------------------------------------------------------------|-----|
| Pedro | Señor, ¿hasta dónde quieres                                     |     |
|       | alejarte del colegio?                                           |     |
|       | Cierto, que es muy buen descanso                                | 675 |
|       | que única tarde de asueto                                       |     |
|       | la gaste un hombre de bien                                      |     |
|       | en ir al campo barriendo                                        |     |
|       | con el manto después de                                         |     |
|       | estar encerrado y muerto                                        | 680 |

de hambre en un cofre de piedra
hecho alhaja de avariento.

San Juan  Pedro, donde se halla gusto,
allí se busca el recreo.
Yo, a más de otros altos fines          685
que he tenido para esto,
no sé qué oculta razón
capta el humano sosiego,
para que a Dios se levanta
viendo solo tierra y cielo.             690

Pedro  Pues, si cazar almas quieres,
aquí no hay más que conejos.
Volvamos a la ciudad.

Voces (Dentro.)  ¡Para! ¡Para!

(Salen de camino Doña María, Leonor, Eugenio y Antonio con escopetas en mano.)

Eugenio                Descansemos
en esta florida margen                  695
un poco.

Doña María            Tener no puedo
yo descanso.

Leonor                Que mi muerte
me negase, avara, el tiempo
poder noticiar a Félix
mi partida. ¿Cuándo, cielos,           700
logrará un amor tan fino
las posesiones de quieto?

| | |
|---|---|
| San Juan | ¡Doña María! |
| Doña María | ¡Don Juan! |
| Pedro | Buenas tardes, caballeros. |
| San Juan | ¿A dónde, doña María,     705 |
| | si guardada de tus deudos, |
| | tan prevenida de armas |
| | vas? Advierte que los cielos, |
| | como leen los interiores, |
| | intiman también los riesgos.     710 |
| Doña María | Señor don Juan, con maduro |
| | juicio a Salamanca dejo. |
| | Y a mi villa de Villalba |
| | me retiro, donde quiero |
| | pasar de mi triste vida     715 |
| | los restantes contratiempos. |
| | Donde no haya quien oculto |
| | se sienta o alegre de ellos, |
| | que igual pesar me daría |
| | advertir que mis tormentos     720 |
| | son gustos para el contrario |
| | y pesares para el deudo. |
| | La que veis no es prevención |
| | sino natural recelo |
| | de mi desgracia, que como     725 |
| | hay infelices tan tercos, |
| | que a hierros de la fortuna |
| | es imán su sufrimiento. |
| | No quisiera, pues son tantos |
| | mis enemigos, que el cielo     730 |

**41**

mal seguras confianzas
me cobrara en escarmientos.
Esto lo cierto es; si acaso
esto no fuere lo cierto,
ni a mí conviene el decirlo,                    735
ni a vos os toca saberlo.

(Vase.)

Eugenio            Amigos, de los Manzanos
                   recela, no nos venguemos.

(Vase con Antonio.)

Leonor             Don Juan, quien es tan curioso
                   está muy cerca de necio. (Vase.)    740

Pedro              Señor, para ti valientes
                   no son del género neutro,
                   pues rascarrabias encuentras
                   usque intra femineum sexum.

San Juan           Mas, ¡oh Pedro!, su intención        745
                   siento, que no mi desprecio.
                   Difícil empresa sigo,
                   mucho conseguirla temo.

Pedro              ¿Qué empresa? Dila, que todos
                   la esperan.

San Juan                       Dirála el tiempo.        750

Pedro (Paseándose.)   Dios, por quien es, me separe
                      de tus empresas, que pienso

que ni todas mis mudanzas
han de sufrir el Proteo
de las tuyas. Ya estudiante,                               755
ya paje, ya camarero,
ya canónigo, ya cura,
ya sacristán y a más de esto
colegial, ¿para qué yo
sea fámulo sempiterno?                                     760

San Juan        Y ¿cuándo, di, más honrado
se ha visto mi encogimiento
que en este plantel de ciencias
y nobleza?

Pedro                       Yo confieso
nos da san Bartolomé                                       765
su piel en estos arreos.
Mas también, por esta piel
suelen quitar el pellejo.
Fuera de esto, ¿quién, señor,
sufrirá tu desaseo?                                        770
El manto cual liberal
rasgado, el cándido cuello
de ti tan ajado que
lo tratas como a tu negro,
el bonete que me cuesta                                    775
disgustos el defenderlo
de un cocinero bellaco,
que freírlo quiere en sí mismo.
No, señor, a toda ley
manto limpio, y neque Deo,                                 780
que, así, el que ni a Dios se quita,
es muy justo que llamemos
galán, antes que estudiante.

|  | Pues, si a la experiencia creo |  |
|--|--|--|
|  | joven bien compuesto, malo, | 785 |
|  | joven mal compuesto, bueno. |  |

San Juan      Vamos, y deja locuras.

Pedro         Allá, hay más en el colegio.

(Salen Antonio, Eugenio y Leonor.)

Antonio       ¿Por dónde doña María
              habrá ido?

Eugenio                     En la espesura                    790
              del monte se me ocultó,
              y aunque me empeñé en su busca,
              no la halló mi diligencia.

Leonor        Temo nueva desventura.
              Es vil, y sigue tenaz                           795
              al infeliz, la fortuna.

Eugenio       En su busca por diversas
              partes, cada cual discurra.
(Suena clarín.) Mas, ¿qué galán caballero
              es el que a esta parte cruza                    800
              y bizarramente armado
              de negras galas y plumas,
              obscuro caballo enfrena
              y fornida lanza empuña?

Antonio       Caballero tan galán                             805
              en estas estancias rudas,
              es encanto de los montes

fantasma de sus grutas.

(Clarín.)

(Tocan y sale por el patio, a caballo, en traje de hombre como dicen los versos.)

| | | |
|---|---|---|
| Doña María | ¿Qué os admira caballeros, | |
| | nobles Monroyes? ¿Qué turba | 810 |
| | vuestra atención? ¿No es encanto | |
| | el que excita vuestras dudas? | |
| | Corra la vergüenza el velo | |
| (Quita la banda | y a la observación aguda | |
| al rostro.) | de la vista, sepan todos | 815 |
| | a quién este traje oculta. | |
| | | |
| Eugenio y Antonio | ¿Qué miro? | |
| | | |
| Leonor | ¡Doña María! | |
| | | |
| Doña María | ¿Qué os admira? ¿Qué os apura? | |
| | Poderoso es el honor | |
| | agraviado. Y en sus turbias | 820 |
| | ondas, antes transparentes, | |
| | bebe aquel que llora injurias. | |
| | ¡Oh temor que lo acobarda! | |
| | ¡Oh valor que lo estimula! | |
| | Mágica Circe, la tez | 825 |
| | de su cristalina Luna | |
| | en hembra al hombre convierte, | |
| | en varón a la hembra muda, | |
| | por eso mi débil sexo, | |
| | que a este espejo se consulta | 830 |
| | y en la copa de un agravio | |

licores de Circe apura,
vigor toma, valor bebe,
fuerzas agota, iras gusta,
y en héroe valeroso                                    835
mi mismo honor me transmuta.
¡Ea!, ilustres caballeros
en quienes nuestra fortuna
volver a su lustre libra,
vengar sus oprobios funda.                             840
Al arma, que aunque a vosotros
como a quienes solo lo usan,
el manejo de las armas
se debe, quiere mi furia,
por ser la más lastimada,                              845
que a toda esta noble turba
como soldado acompañe,
como capitán conduzca.
Ya de don Diego Morales
la sagacidad e industria,                              850
halló dónde los Manzanos
cobardemente se ocultan.
A ellos, nobles parientes,
a ellos, ramas augustas
de las generosas cepas                                 855
que ha tantos siglos ilustran
de Henríquez y de Monroyes
las facciones y aventuras.
No sin misterio, en el campo,
mis iras os estimulan.                                 860
Porque si acaso negáis
el remedio a tanta injuria,
yo misma contra vosotros,
seré un rayo que os confunda;
y antes muerta a vuestras manos,                       865

que mi venganza no cumpla.
Me servirán de mortaja
estas galas y estas plumas.
Será este negro caballo
de mi cuerpo viva tumba,                           870
y muriendo a vuestro enojo
de mi honor en la conducta.
El campo en que pereciere
será, a mi cadáver, urna.
No dejaré, vive Dios,                               875
decir a la edad futura,
que ya que cabeza me hizo
(por mi deshecha fortuna)
de los ilustres Monroyes
y de su nobleza suma,                               880
no supe, muriendo yo
o matando a quien me injuria,
lavar con fuentes de sangre
borrones que la deslustran.

Eugenio          Vive Dios, doña María,                             885
                 que me corro cuando juzgas
                 que el valor menos ardiente
                 seguir tu intento rehúsa.
                 ¿Quién habrá, que en tu defensa
                 no esgrima rayos por puntas,                       890
                 y tanta sangre derrame
                 que diluvios se presuman?

Antonio          En vano para excitarnos
                 así tu valor estudia,
                 que los estímulos sobran                           895
                 donde son tantas las furias.

| | |
|---|---|
| Leonor | Yo la primera seré |
| | que te siga en tus fortunas. |
| | Pues, para la imitación, |
| | con tus acciones me ayudas. 900 |
| | |
| Doña María | Pues a ellos, deudos heroicos, |
| | y diga, con voces mudas, |
| | la ejecución. |
| | |
| Ella y todos | ¡Mueran cuantos |
| | a los Monroyes injurian! |

(Cajas y clarines.)

(Vanse y sale San Juan con un breviario.)

| | |
|---|---|
| San Juan | ¡Oh siervo inútil, el que 905 |
| | inobediente a su dueño, |
| | si en una vigilia vela, |
| | en otra se entrega al sueño! |
| | Velé en la primer vigilia |
| | y en la segunda —confieso 910 |
| | mi pecado— me rendí |
| | al halago lisonjero |
| | del sueño, debiendo a Dios |
| | -si el acusador y reo |
| | de la conciencia no miente- 915 |
| | el perfecto cumplimiento |
| | al divino oficio. Mucho |
| | de mi tardanza recelo, |
| | que ya el tiempo me ejecute. |
| | Mas ya da el reloj, atiendo, 920 |
| (Da el reloj las once.) | las once son. Todavía |
| | satisfacer el precepto |

me permite. Mas, ¿cómo,
si acusándome de necio
me niega, ¡oh mi Dios!, la luz                    925
lo que me concede el tiempo?
Ya todo el colegio está
en un profundo silencio.
Saldré a ver. Pero por todo
ni aun una centella veo,                          930
Pedro, pero no responde
el cielo. Luz no da el cielo
y, en un infierno de ahogos,
quiero obrar bien y no puedo.
Ya el tiempo se pasa, Dios                         935

(Arrodíllase.)          soberano, Rey eterno,
no mires mi culpa, mira
mi obediencia, y tu precepto
mucho en el poder me falta,
y lo más en querer tengo.                          940
Tú eres Padre de las luces,
de ti vienen. Mas ¿qué veo?
Globo de luces padece
aquel árbol, verde incendio
y es ya el funesto ciprés,                          945
verde mariposa al fuego.

(Descúbrense en el interior de un alto ciprés muchas luces. Suena la música.
Aparece un Ángel sobre el ciprés. Sube San Juan en elevación que pueda
rezar con las luces.)

Señor ¿quién no se deshace
tal favor agradeciendo,
y del polvo de sí mismo
aromas quema a tu templo?                           950

| | |
|---|---|
| Ángel primero | No te aflijas, Juan, que para<br>que alabes al Rey supremo<br>en pavesas en un ciprés,<br>estrellas te enciende el cielo. |
| San Juan | ¡Oh mi Dios!, qué inútil soy       955<br>pues mi grave distraimiento<br>necesita de milagros<br>para ejecutar preceptos.<br>Pero a ellos también se extiendan<br>las alabanzas que os debo.       960 |
| (Reza.) | |
| Ángeles (Cantando.) | Bendecid al Señor criaturas,<br>bendecid al Señor cielo y tierra.<br>ángeles, hombres, fieras y brutos,<br>árboles, plantas, mares y vientos. |
| San Juan | Pues cuando más favoreces,       965<br>de pedirte más es tiempo,<br>mi ruego, Señor, obtenga<br>de Salamanca el sosiego. |
| Ángel | Para que ése se consiga,<br>tú, Juan, has de ser el medio;       970<br>y eso tarde, porque ahora<br>comienzan sus desaciertos.<br>Y para que así lo veas,<br>mira en espíritu, aun lejos,<br>los efectos de un rencor.       975 |

(San Juan queda como un éxtasis y sale Don Diego en su primer traje.)

| Diego | Ya que a mi primer empeño |
| | satisfice y descubrí |
| | a los Manzanos, intento |
| | satisfacer por mí solo |
| | al segundo, cuerpo a cuerpo. | 980 |
| | No como aleve criado |
| | sepan que... |

(Salen Don Pablo y Don Andrés.)

| Pablo y Andrés | De recogernos |
| | ya es hora. |

| Pablo | La diversión |
| | no la tiene. Mas ¿qué veo? |
| | Un bulto aquí se previene. | 985 |

| Andrés | ¿Quién puede ser? |

| Diego | ¡Caballeros! |
| | Otro, y que agraviado está, |
| | que desnudéis los aceros |
| | os intima. Verme solo |
| | no os retarde el vencimiento, | 990 |
| | porque razón traigo y |
| | de ella acompañada vengo. |

| Los dos | Con la muerte pagarás |
| | las arrogancias de necio. |

| Diego | ¡Morid, pues! |

| Doña María (Dentro.) | Llegad, amigos, | 995 |
| | y la casa les cerquemos. |

|                      | Sepan, muriendo, si duermen                                 |      |
|                      | los Monroyes.                                               |      |

| Diego                |                    ¿Qué oigo? ¡Cielos!                       |      |

| Pablo                | Muy solo vienes, traidor.                                    |      |

| Diego                | Retirándoos hasta dentro                                     | 1000 |
|                      | de vuestra casa. La vida                                     |      |
|                      | que os quise quitar defiendo.                                |      |

(Éntralos acuchillando y vuelven a salir.)

Doña María (Dentro.)   Entrad, amigos, entrad.

(Sale Diego.)

| Diego                | Escoltada de sus deudos,                                     |      |
|                      | doña María de Monroy                                         | 1005 |
|                      | os asalta. ¡Deteneos!                                        |      |

(Salen Pablo y Andrés.)

| Pablo y Andrés       | ¡Déjanos salir, traidor!                                     |      |

| Diego                | Mirad que es patente el riesgo.                              |      |

| Andrés               | ¡Suelta!                                                     |      |

| Diego                |                    Así, vuestra vida                         |      |
|                      | como leal criado defiendo.                                   | 1010 |

(Vase.)

| Andrés               | Fuese, y llevando la puerta                                  |      |

nos ha encerrado.

Doña María (Dentro.)     Don Diego,
                         ¿cómo tú su muerte evitas,
                         cuando eres el instrumento?

Diego (Dentro.)          Ve que es infamia, que a dos          1015
                         asalten tantos.

Doña María (Dentro.)     ¡Tenedlo!
                         ¡Ay! Los unos y los otros
                         o rajando o encendiendo
                         haced que las puertas caigan.

Diego (Dentro.)          Pese a mí.

Andrés y Pablo                       ¿Cómo podremos          1020
                         salir?

(Salen Doña María, Leonor —también de hombre—, Antonio y Eugenio con
espadas y broquel.)

Doña María               ¡Traidores! ¡Cobardes!
                         Encerraos ahora, que nuestro
                         enojo os hará salir
                         más las almas de los cuerpos.

Andrés                   No el número te acobarde          1025
(Riñen.)                 hermano que yo el primero,
                         aunque el menor, seré quien
                         los castigue. Pero, muerto
                         soy.

Pablo                    ¿Qué veo? ¡Tened piedad!

| | | |
|---|---|---|
| Eugenio y Antonio | En darte muerte más presto. | 1030 |
| San Juan | ¿Qué miro, Señor, qué miro? <br> Teneos, amigos, teneos. | |
| Ángel | En vano la voz levantas. <br> Pues tú en Salamanca, y ellos <br> se miran en Portugal. | 1035 |
| Pablo <br> (Cayendo.) | Ya rindo el último aliento. <br> Cruel leona, a tus hijos <br> como nobles, cuerpo a cuerpo <br> dimos muerte, no traidores. | |
| Doña María | Pues, espera piedad de ellos. | 1040 |
| Pablo | Permitidme confesar. | |
| San Juan | Ya voy. | |
| Ángel | Tente. | |
| Voces (Dentro.) | ¡Fuego!¡Fuego! | |
| Diego (Dentro.) | Así, veré yo si evito <br> vuestra muerte. | |
| Pablo <br><br> (Cae.) | Aunque muriendo <br> me veis mi valor. ¡Jesús! <br> Muerto, ¡ay de mí!, soy. | 1045 |
| Doña María | ¡Teneos!, <br> que ninguno ha de cortarles <br> las cabezas de los cuellos | |

|  |  |  |
|---|---|---|
|  | más que yo. |  |
| Antonio | Hasta esta parte<br>viene llegando el incendio,<br>y ya el lugar se alborota. | 1050 |
| Doña María | Pues, celebrando el trofeo<br>de nuestra justa venganza,<br>a Salamanca guiemos<br>por más que decir oigamos<br>al alborotado pueblo. | 1055 |
| Unos (Dentro.) | ¡Traición! ¡Traición! ¡Guerra! ¡Guerra! |  |
| San Juan y otros | ¡Favor! ¡Favor! ¡Fuego! ¡Fuego! |  |

(Vanse.)

(Desaparécese el Ángel repitiendo la música, y al ir bajando la elevación, sale Pedro en camisa rebozado con el manto de colegial.)

|  |  |  |
|---|---|---|
| Pedro | Aquí, si la luz no miente,<br>el fuego es. Quédome en cueros,<br>y para apagar sus llamas,<br>con el manto las manteo. | 1060 |
| (Da con el manto.) | Pero, aquí música se oye,<br>luz miro y llamas no veo.<br>Y mi amo, ¡ah Señor!, está<br>cuarenta varas del suelo. | 1065 |
| San Juan | ¡Favor, amigos, favor!<br>Acudid, socorred presto,<br>que se abrasan. |  |
| Pedro | ¿Qué se abrasa, |  |

señor?

| | | |
|---|---|---|
| San Juan | ¿Adónde estoy, Pedro? | 1070 |

Pedro         Tú sabes de dónde vienes,
tan carisudado y hecho
un carmín cara y orejas.

San Juan     Llevéme, sí, de un afecto.

Pedro         Llévate de dos, y no hagas      1075
que yo me resfríe haciendo
que, quien creyó arder en llamas,
venga a tiritar al hielo.

(Vase.)

San Juan     ¡Oh mundo, centro de iras!
¡Oh mi Dios! Yo te prometo     1080
que en los claustros de agustino
tome mi ardiente deseo
contra sus golpes escudo,
contra sus borrascas puerto,
que allí oiré, y no oiré        1085
en desacordado estruendo.

Él y Música     Bendecid al Señor criaturas,
bendecid al Señor tierra y cielo.

Él y unos       ¡Traición! ¡Traición! ¡Guerra! ¡Guerra!

Él y otros      ¡Favor! ¡Favor! ¡Fuego! ¡Fuego!   1090

Fin de la primera jornada

## Jornada segunda

(Sale Don Félix como al principio.)

Félix          Máteme mi amor, amén,
pues, en tan duros pesares,
estará la muerte ociosa,
si hay desgraciados amantes.
Desde que cruel mi fortuna        5
quiso tirana empeñarme
por los riesgos de una noche
a los disgustos de un lance,
a saber de mi Leonor,
no ha sido, cielos, bastante        10
mi diligencia. Si acaso
festejada de otro amante,
ya... Pero tente, discurso;
¿dónde vas, verdugo infame
de mi sosiego? No, cruel        15
en tus cadalsos mentales
acriminando sospechas,
quieras, sin tiempo, matarme.
Si no he de morir de celos,
no a matarme te propases.        20
Y si he de morir, deja
a la verdad que me mate.
Viviré, a lo menos, más,
el tiempo, que la ignorare.
Pero ¿cuándo, cielos, cuándo        25
en sospechas semejantes,
agudezas del discurso
no son al pecho puñales?
Bien, que ahora lugar no tienen,
pues no es posible me engañen.        30

Fieles testigos mis ojos
en bien repetido examen.
Desde aquella infausta noche
hora no ha habido, ni instante,
que de Leonor, centinela                                     35
no me hayan visto incansable.
fiel girasol sus ventanas,
viva estatua sus umbrales.
Y con todo, tan ajeno
estoy de ver quién me agravie,                               40
que yo mismo me confundo
viendo en cláusula notable
sus ventanas tan de acero,
sus puertas tan de diamante,
que ni a las diarias visitas                                 45
del Sol obsequioso se abren.
A Villalba no ha salido,
pues a más de no avisarme,
es argumento más claro
que en Villalba no se halle.                                 50
¿Si acaso —que es lo más cierto
observando mi coraje—
los suyos, aquella noche,
infiriendo, como es dable,
que dentro tendría prenda                                    55
quien peleaba los umbrales
a alguna estrecha clausura
la han llevado? Mas mi padre...

(Salen Don Luis y Fabio.)

Luis                    Félix...

Félix (Aparte.)         ¿Que no tenga un triste

**58**

|  | ni aun la dicha de quejarse? | 60 |

Luis

¿Posible es que tan distraído
estés de tus literales
ejercicios, que aun en casa
rara vez, o nunca, te halles?
¡Vive Dios!, que me avergüenzo                65
de que se note, en mi sangre,
que quien corrió la palestra
a medio curso desmaye.
Guerra es la vida del hombre,
donde es bien, Félix, repares                70
de guerra serán también,
del estudio los afanes.
Pues, ¿por qué huirá el campeón
que sigue estos estandartes?
Soldado que retrocede,                75
más valdría que no pelease.
No negaré que venciste,
cuando tenaz trabajaste
armado de aplicaciones,
monstruos de dificultades.                80

Félix

Pues si eso, señor, conoces,
¿con qué razón te desabres?
Campeón que siempre pelea,
algún día es bien descanse.
Más tenacidad requieren                85
las palestras militares,
y allí, alguna vez, es triunfo
lo que siempre fue certamen.

Luis

Quien venció la ignorancia
tiene enemigos más graves,                90

pues son flojedad y olvido
de la ignorancia auxiliares.
Si contra éstos no pelea
tu aplicación incesante,
vendrás, de vencedor sabio,                                    95
a ser vencido ignorante.
Con estas fases te hablo,
siquiera porque estas frases,
puesto que tanto te gustan
te reprehendan más fácil.                                     100
Indecencia es que un rapaz,
que apenas paladear sabe
dulce leche de Minerva,
lance cóleras de Marte.
¿Piensas que en una ciudad,                                   105
que monstruo mil bocas abre,
se han de callar tus excesos?
Pues no, no. Todos se saben.
La pena que yo querría
es que el rapaz encontrase                                     110
quien dándole, no por gracias,
perdonara sus desmanes.
Vaya en hora mala y sepa
que más le gustan a un padre
hijos que el seso madura,                                      115
que espadachines rapaces.

Fabio            Señor...

Félix                   Tu reprehensión,
bien vi que traía más grave
causa. Y si de eso te afliges
poco tienes que enojarte,                                      120
que mi cólera, cual fuere,

trae origen de mi sangre.
Si mi poco sufrimiento,
el tuyo tanto desabre,
quéjate de ti, pues tú,                                    125
mal sufrido me engendraste.
Si no es culpa, ¿qué me imputas?,
y si lo es, ¿no has de borrarle
de original imperfecto
quien sacó perfecta imagen?                                130
¿Cómo quieres que paciente
(Cajas y clarines.)     oiga?

Voces (Dentro.)     ¡Mueran los infames
Manzanos!

Luis                          ¿Qué escucho? ¡Cielos!

Félix               Es el seso, en estos lances,
bueno.

Voces (Dentro.)     ¡Los Monroyes vivan              135
(Tocan.)            pues así vengarse saben!

Fabio              Señor, toda Salamanca
derramada por sus calles
corre y ya...

Félix                          Contra nosotros
hacen sus voces alarde.                                    140
Quédate tú, que no gustas
de espadachines rapaces.

(Vase.)

| Luis (Clarín.) | En este caso, excepciones no hay. | |
|---|---|---|

(Vase.)

| Voces (Dentro.) | ¡Mueran los infames Manzanos! | |
|---|---|---|

(Tocan y salen por el patio a caballo Doña María, Don Antonio, Don Eugenio y los más que pudieren trayendo en dos astas las cabezas de los manzanos.)

| Doña María | Parciales míos, | 145 |
|---|---|---|
| | plaza no quede, ni calle | |
| | que en la ciudad no paseen | |
| | nuestros enojos triunfantes. | |

| Eugenio y Antonio | Todos, más que por servirte, | |
|---|---|---|
| | lo hacemos por resguardarte. | 150 |

| Doña María (Yendo para el tablado.) | Yo amaba patria mía, | |
|---|---|---|
| | emporio de la luz, cuna del día, | |
| | crisol sin competencia | |
| | de la nobleza, concha de la ciencia. | |
| | Ya, bella Salamanca, | 155 |
| | ciudad hermosa, noble, rica, franca, | |
| | sin embozo, saluda tus almenas | |
| | la que verse de ti dejaba apenas. | |
| | La que salió agraviada, | |
| | a vivir en ti, vuelve bien vengada. | 160 |
| | De su venganza son fieles testigos | |
| | las dos cabezas de sus enemigos. | |
| | Con ellas dos orlara | |
| | mis armas, si más timbres deseara, | |
| | mas baste que a mis manos | 165 |

hayan muerto, cobardes, los Manzanos
y que en su sangre, mi ferviente furia
haya lavado manchas de mi injuria.
Recibe sin desdoro mi nobleza,
pues ves que vuelve a su primer limpieza.                    170
Y por mí, de ti misma decir oyes
en blando estruendo.

Ella y todos                    ¡Vivan los Monroyes!

Doña María                    Mas ¿qué súbito estruendo
(Cajas y clarines.)          al nuestro le sucede repitiendo
cuando sus voces nuestro enojo alteran?                    175

Voces (Dentro.)              ¡Manzanos vivan y Monroyes mueran!

Eugenio                          Amigos, de los Manzanos
conmovidos los parciales,
por toda la ciudad vagan
tropezando en sus vitrajes.                    180

Antonio                          Teme tu riesgo, María.

Doña María                    Ya no hay riesgo que me espante.
Ésta, de santo Tomé,
es la fábrica, admirable
donde sepulcro a mis hijos                    185
les labraron mis pesares.
Entremos.

(Entran y salen. Entran y vuelven a salir descubriéndose la fachada de un templo y en él dos sepulcros.)

Antonio                          Pues ¿qué procuras?

**63**

| | |
|---|---|
| Doña María | La ejecución, sin voz, hable. |
| | ¿Veis esos dos mausoleos |
| | que ricos el mármol hace? 190 |
| | Pues de esta sangre teñidos |
| | han de hacer el mármol jaspe. |
| | |
| Eugenio | ¿Qué intentas? |
| | |
| Doña María | Que en los sepulcros |
| | de mis dos muertos infantes |
| | clavadas estas cabezas 195 |
| | sean padrones inmortales. |
| | Que esas lápidas blancas |
| | con caracteres de sangre |
| | publiquen. «Aquí dos muertos |
| | y sus homicidas yacen.» 200 |
| | |
| Antonio | Mira que... |
| | |
| Doña María | Cuando el enojo |
| | mira... |
| | |
| Pablo y Andrés | |
| (Dentro.) | Más no nos agravies, |
| | que los nobles no profanan |
| | la inmunidad de un cadáver. |
| | |
| Antonio | ¡Qué horror! |
| | |
| Eugenio | Las yertas cabezas 205 |
| | articularon palpables. |
| | |
| Antonio | Y aún, sin alma ya, |

**64**

| | |
|---|---|
| (Voces.) | se quejan de tus crueldades. |
| Doña María | Pues que se quejan, aun sienten, |
| | y porque al sentir señales 210 |
| | dan de vivos, quiero que, |
| | ya que en sangriento certamen |
| | mi acero no los mató, |
| | estas escarpias los maten. |

(Clava las cabezas.)

| | |
|---|---|
| Eugenio | Ni aún el cielo niega a un cuerpo 215 |
| | sepulcro; pues sus capaces |
| | bóvedas sublime pira |
| | le fabrican. |
| Doña María | Pues, yo darles |
| | mejor sepulcro no puedo |
| | que en el que mis hijos yacen. 220 |
| | Fuera que si el cielo quiere, |
| | para mostrar sus piedades, |
| | darles sepulcro mejor |
| | el cielo que los desclave. |
| | Pero, ¿qué es esto? La tierra 225 |
| (Ruido | a terremotos se abre, |
| de tempestad.) | y todo el suntuoso templo |
| | se desploma vacilante. |
| Eugenio | Las cabezas, que tenaz |
| | contra el mármol remachaste, 230 |
| | chocando contra él se libran |
| | de las escarpias tenaces. |
| Doña María | Cierto es que las mueve el cielo, |

|  |  |  |
|---|---|---|
|  | mas lo que hice no deshace.<br>Ahí han de estar. |  |
| Antonio | ¿Qué no temes<br>con espantos semejantes? | 235 |
| Doña María | Confiésote que me alteran,<br>mas no tanto que me espanten,<br>y así... |  |
| Félix (Dentro.) | Mueran los traidores,<br>aunque del templo se amparen. | 240 |

(Salen Don Luis, Félix y Fabio con pistolas y disparando todos a un tiempo quedan riñendo con espadas y broqueles.)

|  |  |  |
|---|---|---|
| Félix | La esfera de nuestro enojo<br>balas, por rayos, dispare. |  |
| Luis | Moriréis, que aunque el delito<br>al templo os retrae cobardes,<br>a culpas de honor no hay<br>prescritas inmunidades. | 245 |
| Doña María | Tus jactancias desmintiera,<br>pero esas cabezas lo hacen. |  |
| Fabio | Todas las vuestras serán<br>poco precio a tanto ultraje. | 250 |
| Eugenio y Antonio | Quien comenzó no es difícil<br>que con vosotros acabe. |  |

(Vanse.)

(Éntranse riñendo y sale Pedro de lego agustino, corriendo.)

Pedro                   Téngalo, que tras mí viene
volando por esos aires
el noviciado, y temo                 255
que ha de volver a enclaustrarme.
¡Qué recio y difícil es,
Oh Dios, el parto de un fraile!
En el noviciado ya
se para, y aún no se pare.            260
Nace al fin de nueve meses
cualquier hijo de su madre,
y un fraile, al cabo de un año,
si no se ayuda, no nace.
Gracias doy al terremoto            265
de que de madre me saque,
que un vientre de cal y canto
con menos torno no se abre.
Solo el terremoto —haciendo
que la fuente reventase            270
a mi madre la clausura-
hacer pudo que abortase,
teniendo yo los dolores,
un parto de tanta sangre.
Díganlo mis altos lomos            275
que, en huecas cuevas de carne,
llevan un cónclave entero
de ermitaños cardenales.
Siempre los tendré novicio,
pues, como a un lego, no es fácil       280
coronar la criatura,
nunca novicio sale.
(Cajas y clarines.)       ¡Pero qué rumor!

Doña María (Dentro.)     Amigos,
                         ningún Manzano se escape.

Luis (Dentro.)           No haréis poco en defenderos.          285

Pedro                    ¡Qué falta en el mundo hace
                         un hombre de mi virtud!
                         En un solo año que falte
                         no hay santo que se averigüe
                         con...

(Sale Eugenio y Antonio acuchillando a Don Luis.)

Antonio                        ¡Mi rabia!

Eugenio                        Mi coraje                        290
                         tiñendo esa yerta nieve
                         en vergonzosos corales,
                         os dirá cómo los nobles
                         Monroyes deben tratarse.

Luis                     ¡Traidores! Yo... pero en vano         295
                         me animo, porque ya frágil
                         la torre de mis alientos
                         tropieza en lo deleznable.

Pedro                    ¡Ténganse digo, de lejos!

Eugenio y Antonio        ¡Muere cruel!

Luis                          ¿Qué ahora faltases,             300
                         arruinado vigor mío?
(Cayendo.)               Félix, hijo, no me faltes,

que muere, aunque noblemente,
infelizmente tu padre.

(Sale Félix.)

| | | |
|---|---|---|
| Félix | Ve si es rapaz mi valor | 305 |
| | viendo la falta que te hace. | |

Luis             Hijo, en ti libro mi vida.

Félix            ¡Ahora lo veréis, cobardes!

Eugenio y Antonio    ¡Morid, traidores!

(Sale San Juan de religioso agustino.)

| | | |
|---|---|---|
| San Juan | Amigos, | |
| | deteneos. ¡Baste! ¡Baste! | 310 |

Pedro           Ahora sí, ténganse digo.
                       ¿No ven aquí a nuestro padre?

| | | |
|---|---|---|
| San Juan | ¿Qué hacéis, amigos? No hagáis | |
| | que el acero penetrante, | |
| | hiriendo de vuestros pechos | 315 |
| | los vivientes pedernales, | |
| | contra la estopa del alma | |
| | centellas del odio saque. | |

Eugenio y Antonio    Quite, padre.

Luis y Félix          Aparte, el necio
                       no quiera...

| | | |
|---|---|---|
| Pedro (Riñen.) | que no se maten. | 320 |

| | | |
|---|---|---|
| San Juan | Aquí me tenéis, amigos, | |
| | haced de este pecho infame | |
| | blanco, donde vuestro encono | |
| | gustosamente descanse. | |
| | Pierda yo la vida, como | 325 |
| | os consigan mis afanes, | |
| | al vil precio de mis riesgos | |
| | comprar las seguridades. | |

| | |
|---|---|
| Félix | Aparte el hipocritón. |

(Dale un empellón y cae.)

| | | |
|---|---|---|
| San Juan | Aunque aquí, a vuestros pies yace | 330 |
| | mi humildad, no he de dejaros. | |

| | |
|---|---|
| Luis | ¿Qué logras en tus ultrajes? |

(Riñen.)

| | | |
|---|---|---|
| San Juan | Ver si este humilde gusano, | |
| | aunque a vuestros pies se arrastre, | |
| | puede ser rémora activa | 335 |
| | de tanta deshecha nave. | |

| | |
|---|---|
| Pedro | Levántese, padre mío. |

| | |
|---|---|
| Eugenio | Y cuando no se levante, |
| | por sobre él, mis enemigos |
| | morirán. |

| | | |
|---|---|---|
| Félix | ¡Muere cobarde! | 340 |

| | |
|---|---|
| San Juan | No en mí la imagen de Dios atropelles. |
| Félix | ¿Qué fuerza hace que quien por culpas de honor, con Dios y sus respetables preceptos atropelló, atropelle con su imagen? |

345

(Vanse.)

(Éntranse riñendo, levanta Pedro a San Juan lleno de lodo.)

| | |
|---|---|
| San Juan | Ayuda, Pedro. |
| Pedro | Levanta, que parece en tu semblante haber jugado con lodo carnestolendas y Martes. No porque si a los valientes atiendo, y aun a esa sangre juzgo que, aunque fue jugando, hubo sus quitadas carnes. |

350

| | |
|---|---|
| San Juan | Poco mi oprobio importare, como yo, al fin, alcanzase Pero... |

355

| | |
|---|---|
| Voces (Vanse.) | ¡Fuego! ¡Fuego! |
| Eugenio (Vanse.) | Amigos, envuelto en llamas voraces, nuestro enojo hasta la casa |

|  |  |  |
|---|---|---|
|  | de los Manzanos abrase. | 360 |
| Voces (Vanse.) | ¡Fuego! ¡Fuego! | |
| San Juan | Dios benigno,<br>tú, que solo enfrenar sabes<br>horribles brutos, enfrena<br>desbocados racionales. | |
| Pedro | ¿Adónde vas? | |
| San Juan | Al convento<br>guíe, hermano, que ya es tarde. | 365 |
| Pedro | Y noche, pero de día<br>el voraz incendio la hace. | |
| (Vanse.) | | |
| Clara (Vanse.) | ¡Favor! ¡Favor! | |
| Otros | ¡Fuego! ¡Fuego! | |
| Antonio | ¡Acudid! | |
| (Sale Diego.) | | |
| Diego | ¡Ay patria mía!<br>¡Y cómo, de una mujer,<br>te ha puesto la imprudente ira!<br>¿De qué sirvió su venganza<br>si de mil gracias es hidra,<br>mal cortadas dos cabezas<br>resultaron mil desdichas? | 370<br><br><br><br><br>375 |

Bien hice en no acompañarla
cuando triunfante venía.
Pero, ¿qué jactó? Si siendo
ya reo de su malicia,                                    380
acción que impugno por suya,
debo defender por mía.
De los Manzanos la casa
es ya una Troya encendida,
y es amenaza a la nuestra,                               385
la que para ella ruina.
¡Oh desgracia de mi amor!
¡Oh cómo entre esas activas
llamas doña Clara muerta,
será salamandra viva!                                    390
¿Cómo de ellas la sacara?

(Sale Clara.)

Clara                   Caballero, si la dicha
                        piadoso os hizo, amparad
                        a una mujer afligida
                        que, en el incendio, ¡ay de mí!,        395
                        muerta soy.

(Queda desmayada en brazos de Don Diego.)

Diego                       ¡Cielos! ¿Qué miran
                        mis ojos a lo que, vaga,
                        la luz del fuego ministra?
                        ¿No es Clara? ¿Quién te dijera
                        que, al pecho que presumía               400
                        construirle dulce regazo,
                        te había erigir la pira?
(Cajas y clarines.)     ¿Quién?...

| | |
|---|---|
| Luis (Dentro.) | ¡Mueran los Monroyes! |
| | Y de su estirpe atrevida |
| | rama no quede, que al fuego     405 |
| | no se deshaga en cenizas. |
| | |
| Diego | ¿Qué oigo? ¡Cielos! Nuevo empeno |
| | sobreviene a mis fatigas |
| | en empeño, en que mi amor |
| | y mi honor juntos instan.     410 |
| | ¿Qué haré? ¡Cielos! |
| | |
| Clara |           ¡Ay de mí! |
| | |
| Diego | ¡Albricias, amor, albricias! |
| | ¡Que aún vive! |
| | |
| Clara |           Felice quien |
| | |
| Diego | ¿Qué decís? |
| | |
| Clara |           No sé qué diga, |
| | solo sí, que cuando os vi     415 |
| | mintió mil veces la vista |
| | que, aunque en el traje, otra vez |
| | en vos creyó villanías. |
| | |
| Diego | ¡Ojalá mi amor creyeras! |
| | |
| Clara | Yo creo a quien lo atestigua.     420 |
| | |
| Diego | Ésta es mi casa segura. |

(Van a entrar y salen llamas.)

| | |
|---|---|
| Voces (Dentro.) | ¡Fuego! ¡Fuego! |
| Diego | ¡Ay!, más fatigas. |
| Voces (Dentro.) | ¡Mueran los crueles Monroyes! |
| Diego. | Volver es acción precisa. |

(Van a entrar por otra parte y sale Félix.)

Félix          Mueran todos como yo,                    425
               Eneas de mi querida
               Leonor. Pero ¿con quién sale?
               ¿Quién va allá?

Clara                    Yo soy perdida
               porque el que ves es mi hermano,
               y recelo.

Diego                    No te aflijas,                 430
               que mi brazo...

Félix                    ¿No responde?

Diego          Si acaso no se retira,
               lo retirará al infierno
               mi espada.

Félix                    ¡Ah fementida!,
               tu muerte y la de tu amante           435
               mis justos celos rediman.

(Riñen.)

| | |
|---|---|
| Clara | Muerta soy. |
| Diego | Castigará<br>mi enojo tu grosería. |
| Voces (Dentro.) | ¡Fuego! ¡Fuego! |
| Leonor (Dentro.) | ¡Favor, cielos! |
| Félix | Mintió la sospecha mía,       440<br>ésta es Leonor, en su amparo<br>arriesgar debo la vida. |
| (Vase.) | |
| Diego | ¿Qué veo? Fuese y entró<br>en casa doña María. |
| (Aparte.) | (Nuevo empeño me combate       445<br>pues mi sangre me obliga<br>el socorrerla.) Segura<br>mi Clara en esta vecina<br>casa aguardarme y guardarte<br>puedes. |
| Clara | ¿Mi riesgo no miras?       450 |
| Diego | Yo aseguraré, en la tuya,<br>la vida que tú me quitas. |
| Clara | Callada correspondencia<br>es obedecerte. |
| (Vanse.) | |

(Vanse y saca Félix a Leonor.)

Félix                        Anima,
            que ya segura y conmigo                    455
            estás.

Leonor                  Solo tanta dicha
            puede, a mi enfermo vigor,
            ser sabrosa medicina.

Félix            Sígueme.

(Sale Diego.)

Diego                  Paso adelante
            no dará vuestra osadía,                    460
            sin que esa liviana dama
            vuelva hasta la casa misma
            de donde salió.

Félix                  Y a vos,
            ¿qué os va en eso?

Diego                  Lo que os iba
            no ha mucho a vos.

Leonor                  Muerta soy,                    465
            por que el que presente miras,
            Félix, mi primo es don Diego.

Félix            Nada, Leonor, te aflija.
            En esa próxima casa
            asegúrate, advertida                       470

|  |  |  |
|---|---|---|
|  | de que te defiendo yo. |  |
| Leonor | A ella voy. |  |

(Vase.)

| Diego | ¡Tente enemiga! |  |
|---|---|---|

| Félix | En vano seguirla intentas. |  |
|---|---|---|

| Diego | Aunque tenaz lo resistas, |  |
|---|---|---|
|  | abriré por tu vil pecho | 475 |
|  | senda por donde seguirla. |  |

(Salen Don Luis y Fabio con espadas desnudas.)

| Luis | A él, hijo, que a más de ser |  |
|---|---|---|
|  | el principal homicida |  |
|  | de los dos muertos Manzanos, |  |
|  | ha robado de mi misma | 480 |
|  | casa a tu hermana Clara. |  |

| Félix | ¡Muere traidor! |  |
|---|---|---|

| Diego | A mis iras |  |
|---|---|---|
| (Riñen todos.) | sois pocos. |  |

(Sale Doña María en su traje; Don Antonio y Don Eugenio con espadas desnudas.)

| Doña María | Noble don Diego, |  |
|---|---|---|
|  | en ti mi cuidado libra |  |
|  | el nuevo agravio de haber | 485 |
|  | robado a Leonor, tu prima, |  |

ese traidor.

Diego                          Mi coraje
                               ese exceso le castiga.

(Riñen.)

Doña María           ¿Aún no morís?

Félix (Aparte.)           Entre tanto
                          que confusamente lidian,                490
                          mi fe a Leonor vida, y muerte
                          a Clara dar solicita.

(Vase.)

Diego                     Mientras confusos batallan,
                          a mi amor y honor obliga
                          dar a Leonor la muerte,                  495
                          guardar de Clara la vida.

(Vase.)

Luis Y Fabio             Aunque tanto os defendéis,
                         rayos nuestro enojo vibra.

Doña María               Sabréis, muriendo, quién es
                         la Brava Doña María.                      500
                         ¡A ellos, parciales!

Eugenio Y Antonio              ¡A ellos!

(Vanse.)

(Éntranse riñendo, salen Félix y Leonor.)

Félix                Pues ya de ser conocida,
te libra el embozo. Sigue
mis pasos.

Leonor                    En ti libra
tu seguridad mi riesgo.         505

(Salen por el otro lado Don Diego y Clara.)

Diego               Cubierta tu peregrina
hermosura seguir puede,
sin riesgo, las huellas mías.

Clara               Y el alivio que en tu amparo
me permite mi desdicha.         510

Félix               Gente viene.

Diego                   Gente llega.

Félix               Y si no miente la vista,

Clara               y si la vista no engaña,

Leonor              don Diego me parecía.

Clara               Félix mi hermano parece.      515
Pues para que no nos sigan
revolvamos hasta que
pasen.

Diego                   Volver es precisa

acción en tanto que pasan.

(Llegan hasta la mitad del tablado y trocándose las damas, revuelve Félix con Clara y Diego con Leonor.)

| | | |
|---|---|---|
| Félix | Ven tras mí. | |
| Diego | Tras mí camina. | 520 |
| Leonor (A Diego.) | ¿Dónde, don Félix, me llevas? | |
| Clara (A Félix.) | ¿Dónde, don Diego, me guías? | |
| Diego y Félix | ¿Qué oigo? ¡Cielos! ¡Ah tirana!, daránte muerte mis iras. | |
| Leonor | Don Diego es éste. ¡Desgracia! | 525 |
| Clara | Éste es don Félix. ¡Desdicha! | |
| Diego y Félix | Daréte muerte aunque más te apresures fugitiva. | |

(Al seguir Félix a Clara y Diego a Leonor encuéntranse y riñen.)

| | | |
|---|---|---|
| Félix | Mas ¿quién? | |
| Diego | ¡Morirás, traidor! | |
| Félix | ¡Muere infame! | |
| Clara y Leonor | ¡Ay más desdichas! | 530 |
| Leonor. | Pero, en tanto, aquí me oculto. | |

(Escóndese.)

Clara               Aquí resguardo mi vida.

(Escóndese.)

Félix               Aunque oculta, mataréla.

Diego               Aunque el mismo abismo elija
                    para ocultarse, a mis manos          535
                    morirá.

Félix                       ¡Y tú a las mías!

(Vanse.)

(Éntranse riñendo. Salen Clara y Leonor sin verse.)

Leonor              ¿Cuándo, contraria fortuna,
                    sabrás mostrarte benigna?

Clara               Contraria fortuna, ¿cuándo
                    te veré menos impía?                 540

Leonor              ¡Que con don Diego me viese,
                    cuando con don Félix iba!

Clara               ¡Que con don Félix me hallase,
                    cuando otro mis huellas guía!

Leonor              ¿Qué puedo hacer?

Clara                       ¿Qué haré, cielos?          545

|  | ¿Cuándo? |  |
| --- | --- | --- |
| Félix (Dentro.) | ¡Leonor! |  |
| Diego (Dentro.) | ¡Clara mía! |  |
| Leonor | Ésta es de Félix la voz... |  |
| Clara | Mi amparo, esta voz me acusa... |  |
| Félix (Dentro.) | ¿Adónde estás? |  |
| Leonor | ... seguiréla |  |
| Diego (Dentro.) | Sígueme. |  |
| Clara | ... yo he de seguirla. | 550 |
| Doña María (Dentro.) | ¡Don Diego, muere! ¡Parciales, acudid! |  |
| Luis (Dentro.) | Llegad aprisa, amigos, que muere Félix. |  |
| Leonor | A nuevo riesgo me abriga nuevo asilo. |  |
| (Escóndese.) |  |  |
| Clara | De otro riesgo ocultarme aquí me libra. | 555 |
| (Escóndese.) |  |  |

(Escóndese Leonor donde estaba Clara y Clara donde estaba Leonor y sale Félix.)

Félix          Mentís mil veces que, así
               este alboroto me impida,
               ya que sé dónde está Clara,
               saber dónde mi afligida          560
               Leonor está.

(Sale Diego.)

Diego                    ¡Que no pueda
               hallar a mi peregrina
               Clara!

Diego Y Félix       Pero libre de uno,
               daré a otro empeño salida.

(Sale Don Luis por donde está Félix, y Doña María por donde está Don Diego y representan sin estorbarse este bando con el otro.)

Luis           ¿Qué fue esto, Félix?

Doña María             Don Diego,          565
               ¿qué es?

Félix                 Cumplir con las precisas
               obligaciones de honor.

Diego          Esto es arriesgar la vida
               porque del honor, así,
               el menoscabo redima.          570

Félix          Y para que así lo veas,

cuando de mi valor fías.

Diego       Para que tu inquietud cese
            viendo ya nuestra honra limpia.
            ¡Ésta es Leonor!

Félix                       ¡Ésta es Clara!                    575

(Llega Diego y María donde está Clara, y Luis y Félix donde está Leonor y descúbrenlas.)

Leonor      ¿Qué intentas?

Clara                   ¿Qué solicitas?

Diego       ¿Qué veo? Clara, ¿cómo aquí?

Félix       ¿Cómo aquí, Leonor, te miras?

Luis        Acabarála mi enojo.

Doña María  Beberé su sangre indigna.                        580

Félix       ¡Tente, señor!

Diego                   ¡María, tente!

Luis        ¿Tú la defiendes?

Doña María              ¿Tú evitas
            su muerte?

Félix                   Yo, pues que ya
            por ella arriesgué la vida,

|              | yo mismo la he de guardar.                                                                                      | 585 |
|--------------|-----------------------------------------------------------------------------------------------------------------|-----|

Diego          A mí, guardarla me obliga.

Félix (Aparte.)    Cumpla yo ahora con mi amor
que, después la suerte esquiva
querrá que, hallando a Clara,
dé el castigo a su malicia.                                                    590

(Vase con Leonor.)

Diego          Saque yo a Clara del riesgo
que aunque en casa escondida
la tenga a Leonor después
castigará mi osadía.

(Vase con Clara.)

Doña María      Aunque don Diego la ampare,                                     595
quitaré a Leonor la vida,
que solo lava la sangre,
de tanta mancha, la tinta.

(Vase.)

Luis            Aunque la defienda Félix
morirá Clara atrevida,                                                        600
que las manchas del honor
solo la muerte las limpia..

(Vase.)

(Salen Don Eugenio y Don Antonio de camino.)

| | | |
|---|---|---|
| Eugenio | Mucho, don Antonio, extraño | |
| | lo poco que de mí fías; | |
| | pues solo porque de vuelta | 605 |
| | a Salamanca caminas, | |
| | vengo a saber que saliste | |
| | de ella. | |

Eugenio          Mucho, don Antonio, extraño
                 lo poco que de mí fías;
                 pues solo porque de vuelta          605
                 a Salamanca caminas,
                 vengo a saber que saliste
                 de ella.

Antonio                   Fue tan breve la ida
                 como la vuelta. Pues, fiada
                 en mi diligencia activa,            610
                 doña María instó
                 porque partiera a la villa
                 de Ledesma a prevenir
                 contra no sé qué noticia
                 al corregidor que, como             615
                 nuestro bando patrocina,
                 en él, para cualquier trance
                 sus seguridades finca.
                 Y vuelvo tan breve, no
                 tanto por doña María,               620
                 como huyendo de ese rayo,
                 de esa centella, que anima
                 Dios en el fray Juan Sahagún,
                 pues, como por luz divina
                 mis intentos penetrase,             625
                 hasta Ledesma camina,
                 y como rayo de Dios
                 que las torres más erguidas
                 abate. Al corregidor
                 reprendió con santa ira             630
                 que, enfurecido de verse
                 vencido a su persuasiva,
                 le recompensó en rigores
                 los bienes de su doctrina.

|                | Y convenido con el | 635 |
|                | gobernador de la villa, | |
|                | como a malhechor, mandaron | |
|                | azotarle. Ignominia | |
|                | que sintió tan poco que, | |
|                | aun viendo que lo expelían | 640 |
|                | del lugar por revoltoso, | |
|                | lleno de una paz tranquila, | |
|                | tras mí a Salamanca vuelve. | |

Eugenio            Antonio, esas maravillas
                   ser por mí experimentadas                645
                   les falta para creídas.
                   Yo solo sé que de aplausos
                   se labra una hidropesía.
                   Mas él llega, retirarnos
                   será bien. Pues, su vista               650
                   yo la huyo porque me enfada,
                   tú porque te atemoriza.

Antonio            Mientras pasa, almorzaremos
                   a la margen cristalina
                   del Tormes.

(Vanse.)

(Salen San Juan y Pedro con sombreros y báculos.)

Pedro                          Venimos bien.            655

(Se pone el río.)

San Juan           Que mejor, pues de ignominias
                   nos han cargado, que son

**88**

|                      | regalos que Dios envía, |      |
|----------------------|-------------------------|------|
|                      | volvamos a Salamanca, |      |
|                      | porque si allí la perfidia | 660 |
|                      | nos azota y nos destierra, |      |
|                      | el sacro evangelio intima |      |
|                      | ir a otra ciudad. |      |

Pedro                           La vuelta
la dan primero mis tripas
que, aun siendo gordas, están                    665
tan delgadas que se ahílan.

San Juan            Tiene razón, mientras yo
por la pedregosa orilla
sigo espacio mi derrota,
tome algo.

Pedro                          No sino guindas...              670
Voy allí, que dos comiendo
están que se despepitan.

(Vase.)

San Juan            ¡Válgame Dios! Qué serenas,
aun en su misma fatiga
(El río se descubre.)    se ven del undoso Tormes           675
las corrientes fugitivas.

(Descúbrese la apariencia del río muy caudaloso por cuya alta orilla va caminando San Juan de modo que caiga dentro.)

A su Creador las aves,
que suaves motetes trinan,
siendo a tanto Orfeo, el río

de plata templada lira.                                            680
Yo, con ellas, templando
de su corriente plata las clavijas,
y música alternando
las duras cuerdas de las negras guijas.
Entre tanto, mi Dios, Anfión de pluma,                             685
alabaré tu omnipotencia suma.
Pero que en vano quiero
alabar, Dios amado, tu grandeza,
si nunca el mundo entero
acaba de alabarte y siempre empieza.                               690
Bien que en tan disculpables devaneos,
suplirán lo imposible mis deseos.
Mis amantes congojas
quisiera fueran puros corazones
cuantos, en leves hojas,                                           695
son de la aérea región verdes garzones.
Y sé, que aun ricos de infinitas creces,
no te alabarán, no, como mereces.
Quisieran mis estrenos
que fuesen serafines uniformes                                     700
cuantas aquí, en sus senos,
invisibles arenas lava el Tormes.
A tanto aspira, ¡oh Dios!, mi firme anhelo.
Mas ¿dónde tropecé? ¡Válgame el cielo!

Antonio (Dentro.)      ¡Echa el barco, molinero!                   705

Eugenio (Dentro.)      ¡Al agua!, que de la orilla
                       a lo profundo del Tormes
                       cayó un religioso.

Antonio                          ¡Aprisa,
                       que se desparece!

(Sale Pedro comiendo.)

Pedro ¡Ay Dios!,
¡que se ahoga! ¡Cuántos me gritan! 710
El padre bebiendo, y yo
comiéndome una gallina.

(Salen Eugenio y Antonio.)

Antonio Ya del todo sumergido,
los ojos no le divisan.

Pedro Favor, señores.

Eugenio Veamos 715
si sus embustes lo libran.
Pero ¿qué miro? Librado
sobre el agua, de rodillas
firmes, los ojos al cielo,
a la puente se encamina 720
diciendo cuando convierte
el fracaso en alegría.

(Pasa el santo sobre el agua como dicen los versos, y en el aire van dos
Ángeles cantando, y San Juan repitiendo.)

Música Por tan extraño favor
mares, ríos, balsas, fuentes
y cuanto, en vuestras corrientes, 725
vive a merced de su amor.

Ángeles y San Juan Bendecid, bendecid al Señor.

(Desaparécese.)

| | |
|---|---|
| Antonio | ¡Raro caso! |
| Eugenio | ¡Prodigioso milagro! |
| Pedro | Yo bien decía<br>que todo el Tormes no era agua       730<br>en que ahogarse podía<br>nuestro padre. Pero él viene.<br>Pues se volvió el llanto risa,<br>reyes míos, acabemos<br>de almorzar. |

(Sale San Juan.)

| | |
|---|---|
| San Juan | Sea bendita,       735<br>Señor, tu bondad. |
| Pedro | Mi padre,<br>exiforas la camisa<br>para que la ropa al Sol<br>se seque. |
| San Juan | Por la divina<br>misericordia, las aguas       740<br>no me humedecieron pías<br>ni aun los zapatos. |
| Eugenio | Los ojos<br>dudan lo mismo que miran. |
| Antonio | A lo menos, tomaréis |

92

|             |                          |     |
|-------------|--------------------------|-----|
|             | para templar la fatiga   | 745 |
|             | algún alimento.          |     |
| San Juan    | Me hace                  |     |
|             | la necesidad que admita. |     |
| Antonio     | Saque hermano.           |     |
| Pedro       | ¿Cómo saque?             |     |
| Eugenio     | Lo que con nosotros iba  |     |
|             | a almorzar.              |     |
| Pedro       | Polla mechada.           | 750 |
| (Sácala.)   | ¡Ahora te me despabilan! |     |
| San Juan    | ¿Qué es esto?            |     |
| Pedro       | Una linda polla.         |     |
| San Juan    | ¿Y vianda tan exquisita  |     |
|             | he de comer? No, mi Dios.|     |
| Pedro       | Mire, padre, así se trincha. | 755 |
| San Juan    | Quite, fray Pedro.       |     |
| Pedro       | En la boca               |     |
|             | no me cabe la saliva.    |     |
| Antonio     | Comed, por Dios.         |     |
| Pedro       | No por Dios              |     |
|             | coma, sino por su vida.  |     |

| San Juan | Mucho temo que la gula, | 760 |
| | aun más que la hambre, me rinda. | |
| | ¡Qué manjar tan regalado! | |
| | ¡Qué raro, Dios lo bendiga! | |

(Echa la bendición y vuela la ave.)

| Pedro | Agárrenla, que se va, | |
| | que es ahora imposible digan | 765 |
| | ver volar un buey. Pues, gorda | |
| | como un toro, una gallina | |
| | arranca por esos aires. | |

| Eugenio | De pluma otra vez vestida, | |
| | se remonta a su región. | 770 |

| Antonio | Tu piedad, padre, permita | |
| | que en perdón de mi molestia, | |
| | mi boca bese rendida | |
| | tus pies. | |

| Eugenio | A ellos te suplico | |

| San Juan | ¡Teneos!, que si la divina | 775 |
| | bondad obra en estos portentos, | |
| | no es por mí, sí por sí misma. | |
| | Huya yo a la vanidad | |
| | esas traidoras caricias. | |

(Vase.)

| Pedro | ¡Ay!, que también se me vuela | 780 |
| | el padre. No me le sigan, | |
| | que, por no daros los pies, | |

se pondrá patas arriba.

(Vase.)

Antonio          Huyendo el vulgar aplauso
                     llegó hasta su portería.               785
                     Seguiréle.

(Vase.)

Eugenio                Yo no, que aunque
                     me confunde, no me inclina..

(Vase.)

(Sale Don Luis con la espada desnuda y una luz.)

Luis               Del día, la oscura noche
                     se me ha dilatado un siglo.
                     Mas ya llegó, y la ocasión          790
                     de que quede mi honor limpio.
                     Allí a Clara, Félix, más
                     por defensa que castigo,
                     tiene enclaustrada. Mas no,
                     no ha de valer el arbitrio.           795
                     Que, ahora, dejaré mi acero
                     en su vil sangre teñido.

(Vase.)

Leonor             Pasos siento, ¿sí será
                     Félix?

(Sale Félix.)

| | |
|---|---|
| Félix | Hasta que dormidos |
| | todos en casa estuviesen,         800 |
| | ver a Leonor no he querido, |
| | que, como juzgan que es Clara, |
| | este recato es precioso. |

(Vase.)

| | |
|---|---|
| Leonor | Él es sin duda. En mis brazos |
| | recibirle determino.         805 |

(Vase.)

(Sale Doña María con una luz y Eugenio.)

| | |
|---|---|
| Doña María | Esto ha de ser. |
| Eugenio | ¿Que Leonor |
| | ha de morir? |
| Doña María | Así evito |
| | mi deshonor, si es amago, |
| | y si es golpe lo castigo. |
| Eugenio | Y ¿dónde está? |
| Doña María | En ese cuarto,         810 |
| | más que castigarla quiso |
| | asegurarla don Diego |
| | y puesto que de ti fío |
| | este empeño, |
| Eugenio | ... con su muerte |

repare tu honor y el mío.                                      815

(Vase.)

(Éntrase desnudando la espada y sale Don Diego.)

Diego                    Hasta que todos pagasen
                         al sueño el tributo digno,
                         no he querido ver a Clara.
                         Pues, como en casa han creído
                         que es Leonor, de que la vean            820
                         he recelado el peligro.
                         Pero ella está aquí. Mi bien,
                         mi amor, mi luz, mi hechizo,
                         perdóname si antes no
                         a tus plantas me he rendido.             825
                         No por menos diligente
                         mi amor acuses de tibio,
                         que, para más dilatarlo,
                         quise astuto reprimirlo.

Doña María (Aparte.)     (¿Qué es lo que oigo? ¿A mí, don Diego,  830
                         galanteos tan rendidos?
                         ¿Más, qué dudo, si excitado
                         aquel su antiguo cariño,
                         al soplo de mis promesas
                         se puede haber encendido?)               835
                         Don Diego, como merecen
                         tus finezas las estimo,
                         y pagaré con mi mano.

Diego (Aparte.)          (¿Qué escucho, cielos divinos?
                         con doña María hablaba                   840
                         cuando a Clara solicito.

|  |  |  |
|---|---|---|
|  | Pero esforzaré el engaño.) | |
|  | Señora, aunque advertido, | |
|  | quise reprimir mi amor | |
|  | impaciente y fugitivo | 845 |
|  | de la cárcel de mis labios | |
|  | llegó a entrar por tus oídos. | |

Doña María          Pagaré tu rendimiento.
                    Pero, en tanto, en este sitio
                    que a Eugenio esperes te ruego.          850

Diego          Harélo así.

Doña María (Aparte.)  Así impido
                    que, a su piedad, de Leonor
                    estorbe el justo castigo.

(Vase.)

Diego          ¿Qué pasa por mí?

Clara (Dentro.)          Detente
                    porque primero a esos filos          855
                    moriré.

Diego          ¡Cielos! ¿Qué escucho?
                    ¿No es ésta Clara?

(Sale Eugenio forcejeando con Clara.)

Clara          ¡Atrevido!
                    Primero...

Eugenio          Juzgándote otra

|                    | entré a matarte, mas fino |     |
|--------------------|---------------------------|-----|
|                    | morí a tus divinos ojos,  | 860 |
|                    | permite...                |     |

Diego                        Tus desvaríos
castigará mi valor.

Eugenio            Y el mío a ti, fementido.

Clara                 ¡Ay de mí! Que conocida
                              de mis mismos enemigos        865
                              he de morir. Y si huyo,
                              es más claro, entre los míos,
                              mi riesgo.

Luis (Dentro.)       ¡Muere traidora!

Leonor (Dentro.)    Tente, señor.

Félix (Dentro.)            No sin tino
                              huyas, que yo te defiendo.     870

(Sale Leonor.)

Leonor              ¡Hay más forzoso peligro!
                              Huyendo, ¡ay Dios!, de la muerte,
                              hasta mi casa he venido.
                              Al fin, ciego delincuente
                              que, no encontrando otro asilo,   875
                              necio se viene a retraer
                              donde cometió el delito.

Eugenio            ¿Dónde te ocultas infame?

(Sale Luis.)

Luis                    Aunque te oculte el abismo
te daré muerte.

(Sale Félix.)

Félix                          En tu amparo          880
estoy, Leonor.

Eugenio                   Atrevidos,
a mi enojo acabaréis.

Doña María (Dentro.)    Favor, acudid amigos,
que en mi casa los Manzanos
nos asaltan.

Félix                           ¿Qué he oído?        885
Hasta su casa, Leonor
ciega y fugitiva vino.

(Sale Doña María y Don Antonio con luces.)

Doña María         En vuestro favor estamos.

Luis                    ¡Ah, traidores! Mas ¿qué miro?

Diego                 ¿Aquí Leonor?

Félix                         ¿Aquí Clara?        890

Félix y Diego       Mejor el acaso lo hizo.

Luis (A Leonor.)    ¡Ah traidora!

| Félix | Señor, tente. | |
|---|---|---|
| Eugenio y Antonio | Moriréis a nuestros bríos. | |
| Félix | Vosotros sí, a mi valor. | |

(Mata la luz y riñen todos.)

| Doña María | Ahora lo veréis, impíos. | 895 |
|---|---|---|
| Félix | Sígueme, Leonor. | |
| Leonor | Tras ti estoy. | |
| Diego | Ven, Clara, conmigo que segura quedarás dentro de mi cuarto mismo. | |

(Vanse.)

(Éntranse riñendo. Repican dos campanas y salen San Juan y Pedro.)

| Pedro | Si no lo queréis creer, | 900 |
|---|---|---|
| | mirad los cascos se dijo, | |
| | y ahora que todos se cascan | |
| | lo mismo, padre, le digo. | |
| San Juan | De la trabada contienda, | |
| | avisa el sonoro ruido | 905 |
| | de las campanas de santo | |
| | Tomé y de san Benito. | |

| | |
|---|---|
| Pedro | Es que a su muerte, estos locos |
| | tocan como a su bautismo. |
| (Cajas y clarines.) | Pero acá, según las voces, 910 |
| | se va acercando el bullicio. |
| | |
| Unos (Dentro.) | ¡Vivan los Manzanos! |
| | |
| Otros | ¡Mueran |
| | los Monroyes atrevidos! |

(Salen riñendo Luis, Félix, Fabio con Don Diego; Antonio y Eugenio.)

| | |
|---|---|
| Félix (Aparte.) | Ya asegurada Leonor, |
| | nada recela mi brío. 915 |
| | |
| Diego (Aparte.) | Pues ya a Clara aseguré, |
| | obre ahora mi destino. |
| | |
| Unos (Dentro.) | ¡Favor al rey! |
| | |
| Otros | ¡Mueran todos, |
| | si se resisten! |
| | |
| San Juan | Amigos, |
| | temed vuestro riesgo. |
| | |
| Luis | ¿Qué oigo? 920 |
| | Ya por orden del invicto |
| | Enrique Cuarto, rey nuestro, |
| | nos cerca con sus ministros |
| | ese escuadrón numeroso. |
| | |
| Eugenio | Afrenta es quedar vencidos. 925 |

| | |
|---|---|
| Félix | Pues a ellos, caballeros,<br>nobles sean nuestros bríos,<br>aunque siempre tan contrarios,<br>en esta ocasión, amigos. |
| Diego | A ellos, todos advirtiendo        930<br>que son, en este conflicto,<br>nuestros alientos parciales,<br>pero después, enemigos. |

(Vanse.)

| | |
|---|---|
| San Juan | Tú solo, Dios, de tal odio<br>apagarás lo encendido.        935 |

(Tiros.)

| | |
|---|---|
| Unos (Dentro.) | ¡Arma! ¡Arma! ¡Arma! ¡Guerra! ¡Guerra! |

(Cajas.)

| | |
|---|---|
| Uno (Dentro.) | ¡Muerto soy! |
| Pedro |         Uno, tres, cinco,<br>para ensaladas de plomo, |
| (Disparan.) | estos son buenos pepinos.<br>Huyamos, padre. |
| San Juan |         ¿Qué es huir?        940<br>Dios eterno, Dios benigno,<br>para apagar tanto incendio<br>enciende los labios míos. |

(Vase.)

| | | |
|---|---|---|
| Pedro | Yo huyo, no me apelotee | |
| (Disparan.) | el demonio de este tiro. | 945 |

(Vase.)

(Salen todos riñendo.)

| | |
|---|---|
| Félix | Pues ya ellos lo están, nosotros |
| | veamos quién queda vencido. |
| | ¿Pero quién? |

(Sale San Juan.)

| | |
|---|---|
| San Juan | ¡Favor! ¡Favor, |
| | cristianos! |

| | |
|---|---|
| Todos | ¿Qué ha sucedido? |

(Dejan de reñir.)

| | | |
|---|---|---|
| San Juan | ¡Qué horror! Los cielos se caen | 950 |
| | a la tierra y, divididos | |
| | los polos, sus astros se | |
| | desencajan de sus quicios. | |
| | No así, reloj concertado | |
| | suelta el ruidoso artificio | 955 |
| | de sus ruedas para dar | |
| | la hora que ahora oímos. | |
| | Como la esfera del cielo, | |
| | en más horrorosos giros, | |
| | se devana y atropella, | 960 |
| | toda es espantosos signos. | |
| | Sol y Luna se obscurecen | |

**104**

y oprimidos, en sí mismos,
de pelear fatigados
se ven en sangre teñidos.                965
Enfurécense los mares,
chocan entre sí los riscos,
braman airados los vientos,
cae el fuego de sus sitios.
Las fieras se despedazan.                970
¡Oh Dios! ¡Qué horribles bramidos,
contra nosotros pelean!
¡Huid hombres, huid amigos!
Mas no, que una voz sonora
a todos nos llama, oídlo.                975
Sobre nosotros se ve,
¿cómo a su vista no expiro?
¡Qué severo! ¡Qué enojado!

Todos            ¿Quién, padre?

San Juan            El juez Divino
que a juzgarme y a juzgaros              980
baja del cielo.

(Sale Pedro.)

Pedro            Eso es lindo,
que no hay cosa para locos
como un sermón de juicio.

San Juan      ¡Qué razón daré del odio
con que os busco vengativo!             985
¡Qué de rencores me arguye!
¡Qué de culpas y homicidios!

| | |
|---|---|
| Luis y Antonio | ¡Qué horror! ¡Huyamos sus voces! |

(Vanse.)

| | |
|---|---|
| Diego y Fabio | De oírle me atemorizo. |

(Vanse.)

Félix        Su presencia temo más             990
que la de mis enemigos.

(Vase.)

Eugenio       ¡Qué vergüenza! Caballeros,
¿posible es que persuadidos
de un infame orador, de un
hipócrita fementido,               995
vuestra venganza dejéis?
¡Hola! ¿No hay criados míos
que maten a palos a este
fraile vil, a este enemigo
de la honra de los nobles?        1000
Mas, yo hacerlo sabré.

(Toma un palo y al darle queda con el brazo levantado e inmoble.)

San Juan                ¡Amigo!

Pedro         Que lindo, don Pedro Palo
larga el palo.

Eugenio            Ni aun ánimo,
padre.

| | |
|---|---|
| San Juan | Vaya, que Dios es |
| | el Hércules peregrino 1005 |
| | que, eslabonando sus voces, |
| | los prende por los oídos. |
| | |
| Eugenio | De su vista huyendo voy, |
| | más que confuso, corrido. |

(Vase.)

| | |
|---|---|
| Pedro | Ir puede al palo de la horca. 1010 |

(Sale una Mujer.)

| | |
|---|---|
| Mujer | Mi padre, un único hijo... |
| | |
| Pedro | ¿Qué es eso, hermana? ¿La ahorcan |
| | y reza el credo conmigo? |
| | |
| Mujer | ... que tenía, en ese pozo, |
| | por mi desdicha, ha caído 1015 |
| | y en su intercesión espero |
| | que le saque. |
| | |
| Pedro | Los colmillos. |
| | |
| Mujer | ¡Haced! |
| | |
| Pedro | No es nada un milagro. |
| | No lo haré yo ni por cinco |
| | reales, que me tiene más 1020 |
| | de costo. |
| | |
| San Juan | Pues, ¿cómo ha sido? |

| | |
|---|---|
| Mujer | Dos horas, padre, ha que está<br>en el agua sumergido<br>y ya muerto. |
| San Juan | No se apure,<br>no, que quizás estará vivo. 1025 |
| Mujer | ¿Vivo, padre? |
| San Juan | ¿Dónde está? |

(Llegan al pozo.)

| | |
|---|---|
| Mujer | Aquí cayó. |
| San Juan | ¡Ah, tierno niño! |
| Niño (Dentro.) | ¿Quién me llama? |
| Mujer | ¡Qué portento!<br>Desde abajo ha respondido. |
| San Juan | Vivo está, mas tan profundo 1030<br>está el pozo, que imagino<br>que a sacarle de su fondo<br>no bastará humano arbitrio.<br>Pero fía en Dios, que yo<br>desciñéndome este cinto, 1035<br>veré cómo puedo. Pero,<br>aún no llega. |
| Pedro | Échale hilo,<br>que la correa no alcanza. |

| | | |
|---|---|---|
| San Juan | Ya creciendo en cristalinos | |
| | penachos, el hondo pozo | 1040 |
| | lo sobreagua hasta el mismo | |
| | brocal. Tenga la correa | |
| | con fuerza y suba, hermanito. | |

(Sube el niño como dicen los versos.)

| | | |
|---|---|---|
| Pedro y Mujer | ¡Qué portento! | |
| Niño | Sus pies | |
| | le he de besar, padre mío. | 1045 |
| Pedro | A tus plantas... | |
| San Juan | ¡Quita! ¡Aparta! | |
| Pedro | No me le hagan dar de brincos. | |
| Unos (Dentro.) | ¡Milagro! ¡Milagro! | |
| Otros | Nuestro | |
| | santo predicador lo hizo. | |
| San Juan | ¿Cómo, de la vanidad, | 1050 |
| | huiré este torbellino? | |
| | Muy bien, porque si David | |
| | fingido loco advertido | |
| | supo, por librar la vida | |
| | corporal, yo determino, | 1055 |
| | por librar la espiritual, | |
| | hacer ahora lo mismo. | |

**109**

(Vase.)

| | |
|---|---|
| Niño | Sigámosle, madre mía. |
| Mujer | Tras él, clamando el prodigio<br>vamos. |

(Vanse.)

| | | |
|---|---|---|
| Pedro | ¿Qué es aquello, Dios?<br>¿Qué a mi padre ha sucedido? | 1060 |
| San Juan (Dentro.) | ¡Al loco! ¡Al loco, muchachos! | |

(Dentro silbos.)

| | |
|---|---|
| Unos | ¡Al loco! |
| Otros | ¡Qué lindo tiro! |

| | | |
|---|---|---|
| Pedro | ¿Qué es aquello? Por la plaza<br>corre, y hallando en su sitio<br>una banasta que encaja<br>en su cabeza, sin tino<br>viene, de muchachos que<br>le apedrean, perseguido. | 1065 |

(Sale San Juan como dicen los versos, mal puesto el hábito, lleno de lodo, con una banasta en la cabeza, repitiendo.)

(Dentro los silbos.)

| | | |
|---|---|---|
| San Juan | Yo soy muchachos. ¡Al loco!<br>Al loco, pues. ¡Víctor! ¡Víctor! | 1070 |

**110**

| Pedro | Espere padre, no huya.<br>¿Cómo, pues, se ha corrido?<br>¿Tiene tan pocas correas<br>teniendo tan largo el cinto? | 1075 |

| San Juan | ¡Qué contrario viento corre!,<br>écheme lodo. Angelitos,<br>miren, no me lleve el aire<br>que sopla, que estoy vacío. | |

(Corre.)

| Pedro | ¡Que se lo lleva! | |

| San Juan |           No puede,<br>que para eso, en-lo-que-he-sido,<br>advierto que soy un loco,<br>y que seré. ¡Víctor! ¡Víctor! | 1080 |

(Vase corriendo.)

| Pedro | ¡Vaya! Que el prior lo hará<br>cobrar, a azotes, el juicio. | 1085 |

(Vase.)

(Sale el Prior, viejo venerable.)

| Prior | ¿Quién con tan grande algazara<br>de clamores y de silbos<br>llega a la puerta? | |

(Sale San Juan del mismo modo.)

| | |
|---|---|
| San Juan | Ya a salvo, |
| | huyendo el enfurecido |
| | huracán, con otro norte, 1090 |
| | deshecho bajel venimos. |

| | |
|---|---|
| Prior | Padre, ¿qué es eso?, ¿qué veo? |
| | Así viene... |

(Sale Pedro.)

| | |
|---|---|
| Pedro | Padre mío. |
| | Deo gratias. |

| | |
|---|---|
| Prior | ¿Qué es esto, hermano? |

| | |
|---|---|
| Pedro | Cosas del padre que engreído 1095 |
| | en ser pescador de hombres |
| | fue también a pescar niños |
| | por señas, que absorto el pozo |
| | hasta hoy se llama Amarillo. |

| | |
|---|---|
| Prior | ¿Cómo así? |

| | |
|---|---|
| Pedro | ¿Cómo no 1100 |
| | hace, padre, lo que dijo? |
| | Pues, predica el juicio a otros |
| | y luego él pierde el juicio. |

| | |
|---|---|
| Prior | ¡Qué indecencia! ¿No bastaba |
| | el continuado delirio 1105 |
| | con que nos molesta, haciendo |
| | ya que los fieles ministros |
| | de Dios gasten todo el día |

en confesarle a su arbitrio?
Si entra, si sale, si al coro                     1110
entra o sale.

San Juan              Reprendido
debo ser, que como peco
cada hora al remedio aspiro.

Prior                 Y para gastar dos horas
en el santo sacrificio                            1115
de la misa, tan molesto
que el pueblo, más distraído
que devoto, su imprudente
virtud condena por vicio.
¿Qué disculpa puede haber?                        1120
Ninguna. Y así le digo
que no consuma en la misa
más tiempo que el preciso.
Advirtiéndole mi voz
que el primer prelado Cristo                      1125
quiso que sus siervos fuesen
no tan libres, sí ceñidos.

(Vase.)

Pedro                 Sí, el cinto se ciña. Pues
ya en cintura lo han metido.

(Vase.)

San Juan              ¡Con qué razón de mis culpas          1130
soy, Santo Dios, argüido!
Mas, ¿cómo en mí, tus favores
se pueden llamar delitos?

(Híncase.)

Tú del polvo me levantas,
tú me traes, por ti mismo,                          1135
el cielo a la tierra en el
incruento sacrificio.
En ti, Dios Sacramentado,
en la hostia sagrada miro
de ti, Dios uno el arcano;                          1140
de ti, el misterio Dios trino.
En leer secretos en ti
dos horas gasto advertido.
Y no son tiempo dos horas
para ver tantos prodigios,                          1145
si de esta dicha me falta
el tiempo con el auxilio.
¿En qué escuela aprenderé
lo que en la tuya registro?

(Cruzan por diversos lados dos Ángeles cantando hasta llegarse a juntar en el aire. Aparécese sobre sus manos una custodia, y sube en elevación San Juan, de modo que quede debajo de los ángeles, que en el aire mantienen la custodia.)

Ángeles (Cantan.)

Y rompiendo del aire las ráfagas                    1150
de alados serafines, los espíritus
ministrarán, a tus ojos, la cándida
escuela sagrada de que eres discípulo.

San Juan

Bien puedo, con el profeta
rey decir favorecido,                               1155
Señor, que cuando tu gloria
aparece me sacio.

Ángel 1º

El pan de los ángeles
es libro blanco ínclito.

**114**

| | | |
|---|---|---|
| Ángel 2º | Que te hará leyendo | 1160 |
| | querubín científico. | |
| Ángel 1º | A sus blancas páginas | |
| | estrechándote íntimo. | |
| Ángel 2º | Beberás, magnánimo, | |
| | raudales vivíficos. | 1165 |
| San Juan | Ya veo, Sagrado Cordero, | |
| | que el libro eres en que, fino | |
| | vestido de nuestra piel, | |
| | encuadernas tus prodigios. | |
| | Tú, sí, de todas las ciencias | 1170 |
| | eres el fin y el principio. | |
| | Y a ti llega en un Jesús | |
| | el que solo sabe el Christus. | |
| | Por eso, en tu Apocalipsi, | |
| | cuando Cordero Divino | 1175 |
| | te veo, a la diestra del Padre, | |
| | después te venero, Libro, | |
| | si en siete sellos cerrado, | |
| | por dentro y por fuera escrito. | |
| | Y así yo, cuando cual dulce | 1180 |
| | abeja tus hojas libo | |
| | anegado en las dulzuras | |
| | de tu suave dulce estilo, | |
| | saco para mí el remedio | |
| | para el próximo alivio. | 1185 |
| | Favor que me obliga a que, | |
| | con tus alados ministros, | |
| | alternando suaves voces | |
| | te repita en dulces himnos. | |

Ángeles y San Juan    (Cantando.)

Bendecid al Señor criaturas,                       1190
que en el sacro velo, donde está escondido,
manifiesta al humano discurso
de letras y ciencias favores divinos.
Alabad, bendecid sus piedades
por instantes, por horas y por siglos.           1195

(Vanse.)

Fin de la segunda jornada

## Jornada tercera

Félix (Dentro.)          ¡Parad! ¡Parad!

Otros                                    A tu arbitrio
                         nuestros alientos se postran.

Félix (Dentro.)          Sígueme Leonor divina
                         y vosotros, bala en boca,
                         a mi vida y a las vuestras                    5
                         haced vigilante escolta.

(Sale Félix de bandolero y Leonor.)

Leonor                   Felix, felix muchas veces
                         quien ya libre de zozobras
                         en el catre de tus brazos
                         seguramente reposa.                           10

Félix                    Feliz yo que, aunque arrastrando
                         por mis excesos la soga,
                         en tu regazo reposo.
                         Mas dejemos esto ahora.
                         Es ésta, que teje el prado,                   15
                         florida turquesa alfombra.
                         Descansa, que aunque mi amor
                         te aclame entre flores, flora
                         para que mejor halagues
                         el gusto que me enamoras.                     20
                         Quiero que, entre tantas flores,
                         te corones tú por rosa.

(Sale San Juan.)

San Juan

Dices bien, Félix, que no es
más que una flor engañosa
la hermosura que en el campo 25
de los deleites adoras.
Por eso, logrando impío
de tu vida deliciosa,
de esas rosas, antes que
se marchiten, te coronas. 30
Rosa es ese bello riesgo,
flor es, y tan venenosa,
que, ministrando a los hombres
tósigos que confecciona,
no hay abejas que la chupen, 35
porque siendo arañas todas,
en las copas del deleite
beben nociva ponzoña.
Mas pintártela no quiero
con resabios de dañosa. 40
Bella como es te la pinto,
para que así reconozcas
que es, Félix, lo que te halaga
lo mismo que te inficiona.
Bella, cual reina, descuella 45
sobre el trono de sus hojas
siendo arqueros que la guardan
cuantas espinas la rondan.
Luna o espejo del Sol
en el prado se colora. 50
Copa vegetable de ámbar,
que a las humanas lisonjas
aún más que las pajas leves,
atrae hacia sí, industriosa,
éstas y otras preeminencias, 55
le das, ¿no? Pero éstas y otras,

el áspid, entre las flores,
paliadamente te enroscan.
Poco te importa que sea
bella esa flor. Poco importa                60
que a gozar de ella te arrastren
derramados sus aromas.
Si es tan falaz, aunque bella,
que en el punto que la cortas
en la pira de tu afecto                     65
muerta su belleza llora.
Luna es de los prados, pero
tan frágil y vidriosa,
que la empañas si la miras
y la quiebras si la tocas.                  70
Es ámbar, mas de otra especie
que son las fragantes gomas
que respira ajado el ámbar
y ajada espira la rosa.
¿Hubiera Moisés tomado,                     75
di, la vara prodigiosa,
si viera que era serpiente
la que vara se le endona?
¿Epimeteo tomara
el don que le dio Pandora,                  80
si viera que áspides eran
liso fondo de su copa?
Pues, ¿por qué ha de cautivarte
hermosa flor tan traidora
que deja de ser lo que es                   85
al instante que la tomas?
¿No conoces?

Félix                    Si ya lo hice,
              ¿qué importa que lo conozca?

| San Juan | Mucho, que así enamorado | |
|---|---|---|
| | de aquella virtud que sola | 90 |
| | en campos de la pureza | |
| | es azucena olorosa, | |
| | asegurarás la dicha | |
| | de aquella postrera hora | |
| | de que depende lo eterno | 95 |
| | de una pena o de una gloria. | |

| Félix | Al fuego de tus razones | |
|---|---|---|
| | es mi resistencia estopa | |
| | que, aunque se vio encendida, | |
| | apagada ya se postra. | 100 |
| | Haz que de tu religión | |
| | vista la sagrada ropa | |
| | y que en sus claustros... | |

| Leonor | ¿Qué escucho? | |
|---|---|---|
| | Félix mi bien, mi amorosa | |
| | perdición, ¿qué es lo que dices? | 105 |
| | ¿Yo sin ti? ¿Yo sin la sombra | |
| | que me ampara? ¿Sin la luz | |
| | que me alumbra? | |

| Félix | No... Sí... | |
|---|---|---|

| San Juan | Rompan | |
|---|---|---|
| | firmes determinaciones | |
| | esas tenaces esposas. | 110 |

| Félix | Vamos, padre. | |
|---|---|---|

| Leonor | Félix mío, | |
|---|---|---|

¿que te vas? ¿Qué mis copiosas
lágrimas, a tus pies,
grillos de cristal no forjan?

San Juan        Seguid, amigos, mis voces.              115

Félix           ¡Ay, padre mío!, ¡que llora!

San Juan        No sus lágrimas te enfrenen,
que cocodrilo engañosa
llora porque...

Félix                        A tanto impulso
es mi resistencia poca.                                  120

San Juan        Pues huir, amigo, huir,
porque en lid tan peligrosa
no el que acomete, el que huye,
solo alcanza la victoria.

Félix           Pues, si he de vencer huyendo,           125
a Dios gustos, a Dios glorias.
Tuyo fui, Leonor, mas ya
solo es tuya la memoria.

(Vase.)

San Juan        Dios te guíe. Y de ti Dios
me libre, mujer celosa.                                  130

(Vase.)

Leonor          ¿Qué es esto que por mí pasa?
¡Plantas, ramas, flores, hojas,

tierra, cielos, mares, ríos,
valles, montes, cuevas, rocas,
hombres, fieras, peces, aves, 135
aire, fuego, aguas, ondas,
sed testigos que, en la línea
de finezas amorosas,
hay mujeres que así adoren
hombres que así corresponden! 140
Pero, ¿cómo así me quejo
y lamentándome sola,
tristes álamos fatigo
cual tórtola gemidora?
Fiera soy despedazada. 145
Tigre soy, soy leona
a quien cazador mañoso
los tiernos hijuelos roba.
¡Félix! ¡Félix! ¿Dónde estás?
Encuéntrete yo o furiosa 150
me hallarás tú, el cielo, el mundo
y quien de ti me despoja..

(Vase.)

(Sale Pedro.)

Pedro               ¿Habrá vieja que sea del
Padre nuestro tan devota,
que diciendo el pan que amasa 155
con una boca de sopas,
ya que no masca cortezas,
de una torta de limosna
a un mendicante perpetuo
que, por provincias remotas, 160
es el fray Juan de fray Juan

Sahagún, hombre de tal forma
que, como un día predique,
más que un ano no coma?
Tengo hambre.

Luis (Dentro.)          Cercadlos todos                                    165
                        y, puesto que nos provocan,
                        acaben a nuestras manos.

Pedro                   ¡Que estos diablos me respondan!
                        Yo apuesto que, en vez de pan,
                        me dan una buena torta.                            170

(Salen Don Antonio y Don Eugenio de camino.)

Antonio                 Aunque en número son tantos,
                        morir será acción gloriosa.

Eugenio                 ¿Qué más gloria que morir
                        en defensa de la honra?
                        Y, más, cuando ya empeñada                         175
                        está nuestra valerosa
                        resolución en llevar
                        a Leonor, infame nota
                        de nuestro linaje. Pues,
                        con liviandad cautelosa,                           180
                        robada de este don Félix
                        con él y los suyos mora.

(Salen Don Luis y Fabio con espadas desnudas.)

Luis y Fabio            ¡Ahora lo veréis, traidores!

Pedro                   Pan de perros es ahora.

| Eugenio y Antonio | Buscando venís la muerte. | 185 |

(Al ir a reñir sale San Juan y se suspenden.)

| San Juan | ¡Teneos fieras rabiosas! | |
| | No vomitando venenos | |
| | os deis la muerte así propias. | |
| | Yo sé que si en un espejo | |
| | viera el hombre su fogosa | 190 |
| | ira, aunque más enojado, | |
| | temiera su furia loca. | |
| | Pues alto, amigos, dejad | |
| | que claramente os proponga | |
| | el cristal en que os veáis, | 195 |
| | la claridad de mi boca. | |

| Pedro | Aquí era, ¿quién tuviera una | |
| | boca de vidrio? ¡Gran cosa! | |
| | Mas no faltará lo grande, | |
| | si es el sermón de dos horas. | 200 |
| | El tal púlpito no tiene | |
| | gradas, pero tiene losas. | |

(Siéntase en el suelo tras el santo.)

| San Juan | ¿Qué es vuestra locura, fieles? | |
| | ¿Quién vuestras iras provoca | |
| | a tanto exceso? ¿Diréis | 205 |
| | que os irrita quien baldona | |
| | vuestro honor? Pues no es así, | |
| | porque el honor en sola | |
| | la virtud consiste. Y no hay | |
| | quien a la virtud se oponga | 210 |

si no es el vicio. Luego, éste
solo es quien, con vuestra propia
malicia, a vosotros mismos
os deslustra y abandona.
Luego a vosotros, vosotros                                215
mismos os quitáis la honra.
¿Diréis que son las venganzas
acciones pundonorosas
de caballeros? Mentís,
que caballeros no nombra                                  220
la fama si no es a aquellos
ilustres héroes que, a costa
de sus continuas fatigas,
de sus acciones heroicas,
en paz tranquila mantienen                                225
repúblicas numerosas,
los que la virtud señala,
los que a sus patrias honran,
los que infieles enemigos
siguen, ahuyentan y asombran.                             230
No los que resguardados
de gente facinerosa
su misma patria destruyen,
su misma cuna deshonran.
No los que por consentirlo                                235
calles y caminos roban.
¿Cómo serán caballeros
hombres que tanto se enconan
en el odio, que por él
no respetan las coronas                                   240
de sus reyes? Los que a Enrique
Cuarto, que el cielo socorra,
obligarán —tal es ya
el exceso— a que en persona

venga y corte, justo, tantas 245
cabezas cuantas se opongan
a la paz de Salamanca.
Y lo que más me congoja,
es que en los jóvenes se halle
la docilidad más pronta, 250
que en otros, a quien el seso
madura ya, y perfecciona.
¿Qué importa que por las sienes,
hilada, la plata corra?
Si solo las canas son 255
plata, ¿por qué yerros doran?
Tales hombres propiamente
son etnas de abrasadoras
llamas que, si su exterior
de cándida nieve bordan, 260
solo es porque más seguro,
entre la nieve que asoma,
el voraz fuego del odio
hipócritamente escondan
éstos; Dios por Isaías. 265

(Toca Pedro una campanilla o fingiéndola con la boca dice.)

Pedro          Padre mío, ya dio la hora.

San Juan       Llama niños de cien años.

Pedro          Su paternidad es sorda,
               tiro el hábito.

San Juan              Y contra ellos
               hace sus iras notorias. 270

**126**

| | |
|---|---|
| Pedro<br>(Levántase.) | Ya yo acabo por el padre.<br>Aquí paz, y después gloria. |
| Luis | Ello es, padre, que muy bien<br>habéis soltado la boca.<br>Y, sé que no será mucho            275<br>que por el camino, ahora,<br>se os dé el justo pago<br>de vuestra elocuencia loca. |
| San Juan | Cierto, que si alguno hubiera<br>que de palabra o de obra            280<br>me maltratara, con este<br>breviario... |
| Pedro | ¡Desenvainóla! |
| San Juan | ... le daría tantos golpes,<br>que tuviese por no poca<br>dicha escapar de mis manos.        285 |
| Pedro | Miren, ¡ay!, lo que inficiona<br>pues, de predicar a guapos,<br>ya el padre mío echa roncas. |
| Eugenio y Fabio | Allá lo veréis, infame. |
| (Vanse.) | |
| Pedro | Fueron unos y viene otra.         290 |
| (Sale Leonor.) | |
| Leonor | Vos, padre, me habéis quitado |

lo que más mi amor adora.
Pues, yo haré que no acabéis
el año.

(Vase.)

Antonio                    ¡Muere. alevosa!

(Va a darle.)

San Juan                   Tente, y no la des muerte,                    295
                           que así, el dármela malogras.

Antonio                    ¿Cómo?

San Juan                        Sabrás algún día
                           lo que por ahora ignoras.

(Vase.)

Antonio                    ¿Qué querrá decir?

Pedro                             No más
                           que todas son unas locas.                     300

(Vase.)

Antonio                    Tras él y Leonor iré.

(Vase.)

Luis                       Mucho este necio me asombra.
                           Él lo verá. Mas que Félix
                           no parezca me acongoja..

(Vase.)

(Salen San Juan y Pedro con sombreros y báculos.)

| | | |
|---|---|---|
| San Juan | Volvamos a Salamanca. | 305 |
| Pedro | Padre mío, ¿y si nos roban? | |
| San Juan | Dar gracias a Dios. | |

Pedro                                Y luego
ir al convento en pelota.

San Juan              Ande aprisa.

Pedro                                ¿Cómo andar,
divisando en esa loma                                310
ya dos hombres que a caballo
contra nosotros abordan?

San Juan              ¡Ay hermano! Que sospecho
que su furia maliciosa
viene a tentar de paciencia                          315
nuestras resistencias cortas.
Mas, si Dios es con nosotros,
¿quién podrá ofendernos?

Pedro                                ¡Contra!
En estos casos el credo
es muy bueno con pelotas.                            320
¿Qué buena alhaja es aquesta?
Pues no es mala esta redonda.
Si no creen que cogí piedras,

|  | pregúntenselo a la historia, | |
|---|---|---|
|  | que el poeta es un bendito, | 325 |
|  | y queriendo bien mi cholla, | |
|  | solo porque a piedras tire, | |
|  | no había de volverla loca. | |

San Juan        ¿Qué hace fray Pedro?

Pedro                  Cogiendo
bizcochos para la ronda.        330

San Juan        Tire esas piedras, hermano,
¿ésa es acción religiosa?

Pedro        A eso se tira, a tirarlas
para que el casco les rompan.

San Juan.        Si no las suelta, de aquí        335
no he de pasar.

Pedro                Hay tal broma
tírolas, porque ya están
sobre nosotros.

(Aparécense sobre una cuesta Don Eugenio y Fabio a caballo, desnudas las espadas, y de modo que, balanceando en la tramoya, los caballos revuelvan sobre los pies como que despeñan los jinetes hasta que, expelidos de la silla, caigan por la cuesta como temblando.)

Eugenio             Ahora
verá el ruin fraile cómo
a los nobles se baldona.        340

Fabio        De los dos, justo castigo

será la muerte.

| San Juan | Piadosa<br>nos librará la bondad<br>divina. ¿Qué se alborota? | |
|---|---|---|
| Pedro | Por si acaso no quisiere,<br>vayan piedras como bolas. | 345 |
| Eugenio | ¿Qué nos retarda? | |
| Fabio | Bajemos,<br>mas ¡qué moción tan penosa<br>es ésta! | |
| Eugenio | Enfurecidos<br>los caballos se desbocan,<br>y a esa barranca inclinados<br>parece que nos arrojan. | 350 |
| Fabio | ¡Padre, piedad! | |
| Eugenio | ¡Piedad, padre! | |
| Pedro | ¡Qué buena está la tramoya! | |
| Fabio | ¡Jesús mil veces! | |
| Eugenio | ¡Jesús!<br>¡Qué me despeña! | 355 |
| Pedro | No corran. | |
| San Juan | Pues, ¿adónde ibais amigos? | |

(Caen y desaparecen los caballos.)

Fabio            ¡Qué horror! ¡Cielos!

Pedro                          ¡Qué temblona!

Eugenio          El corazón no me cabe
                 en el pecho. Por la boca                    360
                 sale fugitiva el alma.
                 Padre, a vuestros pies se postra
                 mi soberbia.

Fabio                        Perdonad
                 mi culpa.

San Juan                    La poderosa
                 diestra que guardó mi vida                  365
                 vuestro delito os perdona.

Pedro            Déjelos, padre, pernear
                 aunque sea desde la horca.

San Juan         Andad y sabe amigos,
                 que Dios, que mi lengua informa,            370
                 me manda intimar verdades,
                 no paladear con lisonjas.

(Vase.)

Pedro            Vayan, y otra vez no agarren
                 los caballos por la cola.

(Vase.)

| | | |
|---|---|---|
| Eugenio | Ciego y confuso me deja | 375 |
| | una acción tan prodigiosa. | |

(Vase.)

| | | |
|---|---|---|
| Fabio | ¡Ay de don Luis, que también | |
| | me estimuló a esta alevosa | |
| | locura! Luz le dé el cielo | |
| | para que su error conozca. | 380 |

(Vase.)

(Sale Don Félix de novicio agustino.)

| | | |
|---|---|---|
| Félix | ¿Qué más puede hacer el que | |
| | escapó de la derecha | |
| | borrasca, que consagrar | |
| | a la agradecida peña | |
| | que le recibe la tabla? | 385 |
| | Liso delfín de madera | |
| | que, ya excelso, ya abatido, | |
| | fue pez y ave en la tormenta. | |
| | Por eso, yo... | |

(Sale San Juan.)

| | | |
|---|---|---|
| San Juan | Naufragando | |
| | la nave de tu soberbia | 390 |
| | de apetitos y pasiones, | |
| | hinchada más que de velas, | |
| | al sacro puerto la votas | |
| | para que siempre en él penda. | |

| | | |
|---|---|---|
| Félix | Es así. | |
| San Juan | Y así será,<br>como sordas tus orejas<br>no escuchen los dulces cantos<br>de engañadoras sirenas. | 395 |
| Félix | ¿Qué aún me seguirán? | |

(Sale el Prior y Pedro.)

| | | |
|---|---|---|
| Pedro |             Todo esto<br>sucedió. | |
| Prior |     Mucho me cuentas. | 400 |
| Pedro | Y aún nada es. Pero, aquí está. | |

(Sale Fabio.)

| | | |
|---|---|---|
| Fabio | Padre, a vuestros pies puesta,<br>en mí de don Luis Manzano<br>la persona, os representa<br>su culpa y pide el remedio<br>para su mortal dolencia.<br>Pues, como matar mandase<br>a fray Juan Sahagún su ciega<br>cólera, al instante mismo<br>-según su relación hecha-<br>que Dios defendió a su siervo<br>castigando la fiereza<br>de sus parciales, a él<br>le asaltó una violenta<br>enfermedad, un ardor, | 405<br><br><br>410<br><br><br><br>415 |

un furor, un fuego, un Etna
que, luchando con la muerte,
os suplica, pues, que pena
de obediencia le mandéis
que, antes que rabiando muera,                                    420
vaya a que de su virtud
el perdón y alivio obtenga.

Prior              Vaya, padre.

San Juan                        De Dios solo
el azote es quien lo aqueja.

Pedro              Pues para azotarlo más                         425
hazte tú ahora de pencas.

Prior              Vaya presto.

(Vase.)

San Juan                        Para ir,
alas me da la obediencia.

(Vase con Fabio.)

Pedro              Vamos allá y no le culpen
de mal gramático al poeta.                                       430
Que una es la persona que hace,
aunque otra la que padezca.

(Vase.)

Félix              ¡Qué ceguedad de mi padre!
Sabe el cielo santo que ella

me aflige más que...

(Sale Leonor.)

| | | |
|---|---|---|
| Leonor | Leonor | 435 |
| | es la que está en tu presencia | |
| | Félix, mi señor, mi bien, | |
| | ¿posible es que no te muevan | |
| | mis voces? | |

| | |
|---|---|
| Félix | ¿Cómo aquí? |

| | | |
|---|---|---|
| Leonor | Como | |
| | no hay riesgo que no acometa, | 440 |
| | no hay estorbo. | |

| | |
|---|---|
| Félix | No he de oírte |
| | engañadora sirena. |

(Vase.)

| | | |
|---|---|---|
| Leonor | ¿Qué oigo? ¡Cielos! Ya no tiene | |
| | a qué aspirar mi paciencia. | |
| | ¿Yo despreciada? Pues, ¿cómo | 445 |
| | cual víbora a quien varean | |
| | contra la tierra que piso | |
| | no me mato yo a mí misma? | |
| | ¿No hay un rayo que se vibre | |
| | contra mí? ¿No hay una fiera | 450 |
| | que me despedace? ¿Un monte | |
| | que me sepulte? ¿Una saeta | |
| | que el corazón me traspase? | |
| | ¿No hay un...? Pero, tente lengua. | |
| | Deja, que lo que he de hacer | 455 |

solo el silencio lo sepa..

(Vase.)

(Sale Don Diego.)

Diego        Cierto, que enfermó de ingrato
             amante, que dijo que eran
             continuadas posesiones
             resfríos de las finezas.                        460
             Posesor lo diga yo
             de Clara. Pues poseerla
             me obliga a que más rendido
             arda en su amorosa hoguera.
             Errante, al fin, mariposa,                       465
             que como amante rodea
             las llamas, se abrasa más
             mientras más a ellas se acerca.
             Clara, mi bien, ¿dónde estás?
             ¿No respondes?

(Sale Clara.)

Clara                       ¿Cómo no entras?                  470

Diego        Como juzgué.

Clara                       Ocupación
             no hay en mí que tú no sepas.

(Doña María al paño.)

Doña María   Llegó, al fin, el desengaño.
             ¿Que esto mi rabia consienta?

**137**

| | | |
|---|---|---|
| Clara | Al blando rigor del peine, | 475 |
| | aliviaban mi cabeza | |
| | permitidas extensiones | |
| | de su copada molestia. | |
| | | |
| Diego | Sí, pero no aliviarás | |
| | a mi garganta con ellas. | 480 |
| | Pues, amor, para que al verte | |
| | mis pensamientos suspenda, | |
| | dogales de oro a mi cuello | |
| | le terció de tu madeja. | |
| | | |
| Doña María | ¿Qué oigo? ¿Que don Diego oculte | 485 |
| | dentro de mi casa misma | |
| | a su dama, enemiga, | |
| | cuando a mí me galantea? | |
| | | |
| Diego | Prosigue, en tanto que yo | |
| | a vivir, viéndote vuelva. | 490 |

(Vase.)

Doña María (Aparte.)  No será sino a morir,
del susto de hallarla muerta.

Clara  Anda en paz.

(Al írse, sale Doña María y detiénela.)

Doña María        ¡Tente traidora!

Clara        ¿Yo? ¿Cuándo?

| Doña María | ¿Qué te amedrentas? | |
|---|---|---|
| | ¿No sabías cuando aquí entraste, | 495 |
| | que de esta casa dueño era | |
| | doña María de Monroy? | |
| | Aquella heroína, aquella | |
| | que por el valor y furia | |
| | con que se vengó y se venga | 500 |
| | de tu manchado linaje | |
| | llama el mundo, a boca llena, | |
| | doña María, la brava. | |

| Clara | Sí... Yo... No... A mover la lengua, | |
|---|---|---|
| | toda en hielo congelada, | 505 |
| | no acierto. | |

| Doña María | ¿No sabías que eras, | |
|---|---|---|
| | por la sangre que a tus pies | |
| | va corriendo por tus venas, | |
| | mi enemiga? ¿No sabías | |
| | que de nuevo mi nobleza | 510 |
| | tu hermano agravió, robando | |
| | de mi casa a Leonor? Bella | |
| | acción, que aunque a ti don Diego | |
| | te haya robado, no templa | |
| | mi enojo, pues los agravios | 515 |
| | uno a otro no se compensan. | |
| | Pues, ¿cómo, dime, en mi casa | |
| | tan descuidada sosiegas? | |
| | ¿Qué te gozas con tu amante, | |
| | te prendes, pules y peinas? | 520 |
| | ¡Qué rica madeja de oro! | |
| | Cierto que acertado fuera | |
| | que como a otro cuello oprime, | |
| | también el tuyo oprimiera. | |

|  |  |  |
|---|---|---|
|  | Y vive Dios, que mi enojo... | 525 |
| Clara | Señora, a tus plantas, puesta,<br>perdón de mi culpa. |  |
| Doña María | Eso<br>es decir que te conceda<br>quien, antes que yo te ahogue,<br>de tus pecados te absuelva.<br>Y lo haré, sí, por cristiana. | 530 |
| Clara | ¡Don Diego, mi bien! |  |
| Doña María | ¡Ea! Entra,<br>advirtiendo que no son<br>-aunque con razón pudieran-<br>celos los que a esto me irritan.<br>Agravios sí, y con tal fuerza,<br>que yo solo la ejecuto,<br>pero ellos dan la sentencia. | 535 |

(Vanse.)

(Éntrala de un brazo.)

(Baja Leonor sobre un dragón, despacio, diciendo los siguientes versos.)

|  |  |  |
|---|---|---|
| Leonor | Rasgue mi rabia fiera<br>de su mismo, deseo la alta esfera.<br>Y mi coraje mismo,<br>subiendo, baje hasta el profundo abismo<br>sobre este monstruo fiero,<br>ponzoñoso bajel, dragón velero<br>que, porque al viento aplauda | 540<br><br><br><br><br><br>545 |

con el timón lo azota de su cauda,
y, asombrando los cielos,
el monstruo representa de mis celos.
Para que así, sin que mi enojo aplaque,
del negro imperio enfurecida saque                    550
el terno de sus furias
a vengar mis agravios, mis injurias
—ya que en Félix no puedo—, en ese espanto
que Salamanca adora como santo.
Y, pues ya varo a vista del abismo,                   555
iah del infierno de mi enojo mismo!
¡Ah de las Furias!

(Dentro las Furias.)

Furias (Cantando.)          ¿Quién, ciego,
                            incita las Furias?

Leonor                           Yo,
                   que, ofendida y despreciada,
                   sobre este fiero dragón            560
                   a quien alas mi coraje
                   y vuelo mi enojo dio.
                   Parciales, a mi venganza
                   os llama mi indignación
                   tan rabiosa, tan airada,           565
                   que revolviéndose los
                   infiernos, abismos, Furias,
                   acá en mi imaginación,
                   para que a la vista os ponga
                   está demás la ficción.             570
                   Salid, salid a mi amparo
                   que si en común opinión
                   las Furias, los tres hermanos

dañosos afectos son
de ira, deseo, lascivia                                    575
para el empeño en que estoy.
A todas tres os incito,
a todas os llamo.

(Sube Alecto por un escotillón vestida de negro, velo en el rostro, hacha en la mano.)

Alecto (Cantando.)        Yo,
que siendo Alecto el afecto
de la ira que excitas soy                                 580
a tu voz. Del negro abismo
dejo la obscura mansión
y para la venganza
de tu dolor
rasgo, volando, el velo                                   585
de la región. (Vuela.)

Leonor            A la ira que Alecto lleva,
¿quién acompañará?

(Sube Tisífone del mismo modo.)

Tisífone (Cantando.)       Yo,
pues que Tisífone siendo
soy el deseo que, a tu voz,                               590
dejo las fétidas ondas
del obscuro Flegetón,
y para la venganza
de tu dolor
rasgo, volando, el velo                                   595
de la región.

(Vuela.)

Leonor                      A tal ira y tal deseo,
                            ¿quién puede seguirse?

(Sube del mismo modo Megera.)

Megera (Cantando.)              Yo,
                            que, cual Megera, agotando
                            de la lascivia el ardor                          600
                            dejo las inmundas ondas
                            del cenegoso Aquerón
                            y para la venganza
                            de tu dolor
                            rasgo, volando, el velo                          605
                            de la región.

(Vuela.)

Leonor                      Después de todas las Furias
                            aún falta en mí la mayor.
                            ¡Ea! Fray Juan Sahagún, teme
                            mi enojo, mi ira, mi horror,                     610
                            que contra ti va el infierno
                            todo, y lo que es más, Leonor.

(Vuela.)

(Sale Don Diego.)

Diego                       Por más que quise volver,
                            antes no pude venir.

Clara (Dentro.)             ¡Jesús me ayude!

| | | |
|---|---|---|
| Doña María (Dentro.) | A mis manos<br>muere, traidora. | 615 |
| Clara | ¡Ay de mí! | |
| Diego | ¿Qué voz tan triste será ésta? | |
| (Sale Doña María.) | | |
| Doña María | Llegó de su vida el fin.<br>Don Diego, cómo me alegro... | |
| Diego (Aparte.) | (Fuerza es otra vez fingir.)<br>¿De qué te alegras bien mío?,<br>adorado serafín<br>de mis potencias. | 620 |
| Doña María | ¿Y son<br>esos requiebros a mí? | |
| Diego | A ti, a quien humilde espero,<br>para que me haga feliz. | 625 |
| Doña María | No te admire que lo dude que,<br>aunque yo jamás creí,<br>en sueños, desconfiada,<br>me tiene uno. | |
| Diego | ¿Cómo así? | 630 |
| Doña María | Como soñé que a otra dueña<br>adorabas. | |

| Diego | Ahora sí, |
|---|---|
| | que fue sueño puedes creer. |

| Doña María | Pues solo por desmentir |
|---|---|
| | mi pena, lo haz de escuchar. |

635

Diego         Obedézcote en oír.

Doña María     Soñé —pues tan breve fue
que soñé puedo decir
soñé que junto a mi casa
-y aun dentro— vivía, sí,        640
una dama de tal garbo,
belleza y talle gentil
que retratártela quiero,
aunque enojada la vi.
Tendido al aire su rizo        645
pelo le daba sutil,
rubias ondas ciento a ciento,
hebras de oro mil a mil.
Del rostro la blanca tez
formó gracioso matiz,        650
amasado en sus mejillas
con la púrpura, el jazmín.
Sus ojos, aunque llorosos
estaban, puedo decir
que densa lluvia de aljófar       655
su luz no pudo extinguir.
En su boca, naufragando
perlas en mar de carmín,
la alba se vía llorar
cuando la aurora reír.        660
La geometría de amor
tiró, con pulso feliz,

|              | un círculo en sus dos cejas, |     |
|              | una línea en la nariz, |     |
|              | su talle, de amor el torno. | 665 |

Diego           Que dama tan bella, en fin,
                objeto era de mis gustos
                y de tus pesares.

Doña María                    Sí,
                pero me vengaba bien
                de ella y su amante ruin.          670
                Pues, haciendo dogal grueso
                de su madeja de ofir,
                con ella misma el labrado
                limpio, viviente marfil,
                de su torneado cuello             675
                tanto apreté y oprimí,
                que apenas el alma halló
                hueco por donde salir.

Diego (Aparte.)    Palpitante el corazón
                no cabe dentro de sí.             680

Doña María       Y aunque fue sueño, don Diego,
                puedo con verdad decir
                que eres tú el galán traidor
                y ésta la dama infeliz..

(Vase.)

(Vase apareciendo Clara en una silla ahogada con sus mismas trenzas.)

Diego           ¿Qué es lo que mirando estoy?        685
                Caiga el cielo sobre mí.

Clara, mi bien, ¡ah tirana!
Ciertas tus crueldades vi.
¿Clara? Pero ya nieve es
el que antes fuego sentí,                           690
ya retama es el clavel.
Y a su furia y rabia vil
es moreteado lirio,
el que antes blanco jazmín.
Ilustres, nobles Manzanos,                          695
un Monroy os va a servir.
Con ellos, cruel tirana,
yo me vengaré de ti.

(Al irse llevando la cortina salen Don Eugenio y Don Antonio y embiste con
ellos Don Diego.)

Diego                    Vuestro enemigo, traidores,
                         os he de acabar.

Eugenio y Antonio                    Así                     700
                         morirás a nuestras manos.

(Riñen.)

(Sale San Juan y Pedro y dejan de reñir.)

San Juan                 Teneos, amigos, que a mí
                         me toca más vuestra pena,
                         pues habiendo ya don Luis
                         en mí librado su honor                      705

Pedro                    Gracias a que yo le di
                         la salud yendo contigo.

| | |
|---|---|
| San Juan | ... siento esa desgracia así |
| | por él, como porque puede |
| | excitar más el civil         710 |
| | incendio de la discordia. |
| | |
| Diego | El remedio espero en ti. |
| | |
| San Juan | Vamos allá. |
| | |
| Eugenio |       ¿Que don Diego |
| | se haya atrevido a reñir |
| | contra nosotros? Yo haré      715 |
| | |
| San Juan | Caballeros, ¡Ea!, id |
| | por vuestro camino. No |
| | nos sigáis. |
| | |
| Eugenio y Antonio |      Hemos de ir |
| | con vosotros. |
| | |
| San Juan |      Pues, mirad |
| | que ninguno saque aquí      720 |
| | la espada, porque lo mismo |
| | es sacarla que morir. |
| | |
| Pedro | Trabajo es ser, en maromas |
| | de pendencias, arrenquín. |
| | |
| Diego | De ti mi cuidado fío.      725 |
| | |
| San Juan | Fíe en Dios. |
| | |
| Pedro |      Y en san Martín. |

| | |
|---|---|
| Eugenio | ¿Qué, contra nosotros, Diego, sacaste la espada? ¡Ah, vil!, ¡muere! |
| Diego | Pero, muerto soy. ¡Favor, cielo! |

(Saca la espada y, al ir a darle a Diego, cae, como muerto, al vestuario.)

| | | |
|---|---|---|
| San Juan | ¡Oh infeliz! castigó tu furia el cielo. | 730 |
| Antonio y Diego | ¡Qué horror! | |
| Pedro | ¡Qué espanto! | |
| San Juan | Y así quien más duelos provocare padecerá el mismo fin. | |
| Antonio | De mí y de él huyendo voy. | 735 |

(Vase.)

| | |
|---|---|
| San Juan | ¿Adónde es la casa? |
| Diego | Aquí. |
| San Juan | Esperad. |

(Vase.)

| | |
|---|---|
| Diego | Ni aun esperanza tengo ya. |

**149**

| | |
|---|---|
| Pedro | Pues se puede ir al infierno. |

(Salen San Juan y Clara.)

| | | |
|---|---|---|
| San Juan | Salga hermana. | |
| Clara | ¿Dónde estoy? Cielos, ¿qué vi? | 740 |
| Diego | ¡Qué portento! ¡Clara mía! | |
| San Juan | Vuestra será, como aquí le deis la mano de esposo. | |
| Diego | Y el alma. | |
| Pedro | Pues ya salir se puede de la comedia, porque, aunque en tu muerte el fin le falta, lo mismo, creo, es casarse que morir. | 745 |
| San Juan | Dejarlos quiero en su casa. | |
| Pedro | Pues, no me dejes a mí. | 750 |

(Vanse.)

(Vanse y salen las Furias cantando, con cestilos de flores, y Leonor también repitiendo la música.)

| | |
|---|---|
| Furias (Cantando.) | Al impulso, al encono de mi ira, sea la tierra venenoso jardín, |

y áspides brote el suelo sembrado
de flores y yerbas de mayo y abril.
Derramad venenos,                                    755
verted, esparcid
y pues, celosa, yo rabiando muero,
muera rabiando quien me tiene así.

Leonor                    Negras auroras del día
                          tenebroso e infeliz,                       760
                          de la merecida muerte
                          de este hipócrita ruin.
                          Yerbas y flores, que pudo
                          nuestro conjuro exprimir,
                          en venenos esparzamos                      765
                          por donde su planta vil,
                          cuando, a su convento vuelva,
                          las pueda hollar y oprimir.
                          Repitiendo conmigo mis Furias,
                          porque más arda mi enojo civil:            770

(Ella y Furias cantando.)

Furias                    Al impulso, al encono, etcétera.

Leonor                    Lugar ninguno se deje
                          sin ocultar ni cubrir
(Esparcen flores          de flores, que exequias son
por el tablado.)          aunque parecen festín.                     775

Furia 1ª (Cantando.)      Yo, porque puedas mejor
                          tus intentos conseguir,
                          te doy, con hojas del opio,
                          estos haces de alhelí.

**151**

(Dale las flores y espárcelas Leonor.)

| Leonor | Si tú mi ira representas, | 780 |
| | ¿cómo no lo harás así? | |

| Furia 2ª (Cantando.) | Yo, en ramas de espagirita, | |
| | quiero a tu mano rendir | |
| | estos claveles bañados | |
| | de veneno de carmín. | 785 |

(Dale las flores y espárcelas Leonor.)

| Leonor | Haciendo tú a mi deseo, | |
| | ya advierto que haces por mí. | |

| Furia 3ª (Cantando.) | Yo, con yerbas del beleño, | |
| | ofrezca a tu frenesí | |
| | estas violas entre quienes | 790 |
| | es blanco rey el jazmín. | |

(Dale las flores y espárcelas Leonor, etcétera.)

| Leonor | Oscuridades en flores | |
| | me ofreces lascivia, al fin. | |
| | Pero, si no me he engañado, | |
| | mi enemigo viene allí. | 795 |
| | ¡Ahora lo verás, tirano! | |
| | Presto, amigas, proseguid | |
| | repitiendo conmigo mis furias | |
| | porque más arda mi enojo civil. | |
| (Ella y Furias | Derramad venenos, | 800 |
| cantando.) | verted, etcétera. | |

(Vanse.)

(Vanse esparciendo flores y sale San Juan.)

San Juan          Gracias te hago, Señor, pues
                  en tu virtud conseguí
                  el que a tus pies la discordia
                  doble la enhiesta cerviz.                         805
                  En fin, sanó Salamanca
                  del rabioso frenesí
                  de sus bandos. Y, ya sano
                  y satisfecho don Luis
                  Manzano, primero móvil                            810
                  del ardimiento civil
                  doña María de Monroy,
                  cede también a la lid
                  del tenaz sangriento encono
                  de su aliento femenil.                            815
                  Solo Leonor se ha ocultado
                  a mis voces, pero en fin,
                  en lugar tendrá de Félix
                  otro amante más feliz,
                  puesto que en clausura a Cristo                   820
                  por esposo ha de elegir.
                  ¡Qué fresco y florido está
                  este sitio! A su matiz
                  parece que cortó el mayo
                  toda la gala de abril.                            825
                  Que bien parecen las flores
                  a los pies que, como al fin
                  de las humanas delicias,
                  es el pincel un pensil.
                  No son para poseerse,                             830
                  para despreciarse, sí
                  en ellas la humana gloria

quiero pisar.

Voz (Cantando.)    Tente.

San Juan                    ¿Qué oí?

Voz (Cantando.)    Tente incauto pasajero
                   que, con cauteloso ardid,                    835
                   el áspid junto a la flor
                   se sabe astuto encubrir.
                   Huye, oye que aún dice
                   el aura sutil.

(Ella, Leonor y las Furias a lo lejos.)

                   Al impulso, al encono de mi ira,            840
                   sea la tierra, etcétera.

San Juan           De mi loca fantasía
                   es esta ficción sutil.
                   Mas, si es honesto mi intento,
                   nadie lo podrá impedir.                      845

Voz (Cantando.)    Suspende, Eurídice, el paso
                   que en ese fértil confín
                   el áspid, entre las plantas,
                   puede tus plantas herir.
                   Huye, oye que aún dice                       850
(Ella, Leonor y las   el aura sutil.
Furias a lo lejos.)   Derramad venenos,
                   verted, etcétera.

San Juan           A otro intento es bien se ajuste
                   esta canción, y no a mí,                     855

que si yo confío en ti,
¿quién habrá, Dios, que me asuste?

(Va pasando y pisando las flores.)

Pero, ¿qué es esto? ¡Qué incendio!
¡Qué rabia! ¡Jesús me ayude!
En vivas llamas me abraso.                    860
Repugnantemente se unen
en mi ofensa fuego y nieve.
Un hielo manso discurre
por mis venas. Traspillados,
mis débiles huesos crujen.                     865
¿Qué es esto? La contextura
de mis nervios se desune;
las alas al corazón
solo le sirven, porque huye.
No hay nervio que no me ofenda,                870
pelo que no me atribule.
En pie, tenerme no puedo.
(Cae.)                  Mas fuego el suelo me infunde.
¡Que me abraso! ¡Que me quemo!

(Sale Pedro.)

Pedro                   Pues por eso, como un duque,    875
                        tendido estás en el fresco
                        catre que el mayo te mulle.

San Juan                ¡Que me quemo!

Pedro                              ¿Va de veras?

San Juan                ¿Por qué, amigo, de mí huyes?

| | | |
|---|---|---|
| Pedro | Pues ¿qué es, padre? | |
| San Juan | ¡Fuego! ¡Fuego!<br>Llégate acá. | 880 |
| Pedro | Ni por lumbres<br>y más, mi padre, que hieden<br>las dichas flores a azufre,<br>pero voy. | |
| San Juan | Aguarda. Espera. | |
| Pedro | ¿Qué va que me introduces<br>loco por fuego? Ya que<br>loco por viento te tuve,<br>más loco por tierra estás<br>y por agua que te inunde. | 885 |
| San Juan | Espera, conjuraré<br>esas flores. | 890 |
| Pedro | Que conjures<br>tus locuras es mejor. | |
| San Juan | No huyas, Pedro. No te asustes,<br>En nombre de Dios... | |

(Echa una bendición y vuelan las flores, algunas culebras, y otras huyen por el tablado.)

| | | |
|---|---|---|
| Pedro | ¡Qué espanto!<br>De las flores salen y huyen<br>sierpes que me hacen bailar. | 895 |

| | |
|---|---|
| San Juan | Ven, que ya no hay quien te injurie. |

| | | |
|---|---|---|
| Pedro | ¿Cómo ir? | |

| | | |
|---|---|---|
| San Juan | ¡Pedro, que me abraso! | |
| | Por tu vida, que me ayudes | |
| | para huir de este lugar | 900 |
| | que, cruel contra mí, produce | |
| | ardores que me atormenten, | |
| | horrores que me perturben. | |
| | Cruel Leonor, en tu aprecio, | |
| | ¿qué razón hay que me culpe | 905 |
| | para que, abanderizada | |
| | con los contrarios comunes | |
| | que aborta el infierno, hagas | |
| | que mis alientos caduquen? | |

| | | |
|---|---|---|
| Pedro | Vamos, padre. | |

| | | |
|---|---|---|
| San Juan | No tan recio | 910 |
| | me muevas, que me introduces | |
| | en cada acción un dolor, | |
| | en cada aliento una lumbre. | |

| | | |
|---|---|---|
| Pedro | Penas de los pisaflores | |
| | en estos dolores sufres. | 915 |
| | ¡Escarmentad los que os dais | |
| | un verde con dos azules! | |

(Llévalo casi en brazos.)

(Sale el Prior y Don Luis.)

| Luis | Dar a este ejemplar convento |
| | debo, rendido, las gracias |
| | por las recibidas honras. | 920 |

| Prior | A mí incumbe retornarlas |
| | a vuestro juicio. Y más, viendo |
| | tan felizmente ajustadas |
| | las paces entre los nobles |
| | Monroyes y la aclamada | 925 |
| | estirpe de los Manzanos. |

| Luis | Todo fue divina traza |
| | de fray Juan Sahagún, quien no |
| | pudo mejor afianzarlas |
| | que con el vínculo estrecho | 930 |
| | del matrimonio que enlaza |
| | los Monroyes y Manzanos |
| | en don Diego y mi hija Clara. |
| | A que se le añaden solemnes |
| | juramentos, observadas | 935 |
| | algunas condiciones, |
| | como son que siempre salgan |
| | juntas las dos cruces de |
| | sus dos parroquias, nombradas |
| | santo Tomé y san Benito, | 940 |
| | y tan conformes entrambas |
| | que ésta un día a la diestra |
| | y aquélla otro día vaya. |
| | Pero, se añade a este gusto |
| | el pesar de la gravada | 945 |
| | enfermedad que padece |
| | nuestro fray Juan. |

| Prior | Remediarlo |

querrá Dios.

Luis                         Verle quisiera.

Prior                       Vamos. Veréis la extremada
                            paciencia con que padece.                    950

Félix (Dentro.)             Por mi causa...

(Sale Félix.)

Félix                                    ...por mi causa
                            hace sufrir quien bien me hizo
                            tales dolores.

Prior                                    Deo gratias.
                            Hable a su padre, fray Félix.

Félix                       Señor, humilde a tus plantas                 955

Luis                        Llega a mis brazos, columna
                            de mi senectud cansada.

Félix                       En ellos finco mi dicha.

Luis                        Dios te conserve en su gracia.

(Vanse.)

Félix (Recuéstase.)         Ya de descansar es hora.                     960
                            Mas, ¡ay Dios!; que mal descansa
                            quien viendo que causa fue
                            del mal que a tu siervo acaba,
                            los dolores de su cuerpo

está sintiendo en el alma.                        965
Tú eres fuente de la vida,
permite que, de tus aguas,
temple el dulce refrigerio
el incendio de sus ansias.
Pero el sueño a mis fatigas                        970
con sus dulzuras halaga.

(Queda como dormido y baja un Ángel.)

Ángel                    No temas Félix. Persiste
                         de Dios en la santa casa,
                         que ya para que descanse,
                         a su siervo, el Señor llama.      975

(Vuela.)

Félix                    ¿Qué oigo? Tente. Aguarda. Espera
                         bello lúcido fantasma
                         de mi idea. ¿Qué me dices?
                         ¿Que ya la hora es llegada
                         en que serán posesiones           980
                         cuantas fueron esperanzas?
                         ¿Que ya tiempo es...

San Juan (Dentro.)          ¡Ay de mí!

Félix                    Bien, Señor, me lo declaran
                         esos ayes que a mi pecho
                         son continuas aldabadas.          985
                         Pero, si es tu voluntad,
                         Dios, tu voluntad se haga.

(Vase.)

(Descúbrese a San Juan tirado en el suelo.)

San Juan    ¡Ay de mí! Bien decir puedo,
            cuando crueles me asaltan
            los dolores de la muerte,                              990
            que aquejarme también tratan
            los peligros del infierno
            en el potro de esta cama.
            Todo soy fuego y ardores.
            Todo penas. Todo ansias.                               995
            El contrario de la muerte
            ya me embiste cara a cara.
            Solo estoy. Mas, en tal trance
            las obras solo acompañan.
            ¿Qué éxito, mi Dios, tendrá                           1000
            el proceso de mi causa
            en tu tribunal severo?
            Plegue a ti que con bien salga.
            ¡Qué dolor! Ya el corazón
            hiriendo y rasgando pasa                              1005
            el que entró, letal veneno,
            por la puerta de mis plantas.
            ¡Padres! ¡Parciales! ¡Amigos!
            Pero ninguno me ampara.
            ¡Jesús! ¡Jesús! En tus manos,                        1010
            Dios mío, encomiendo mi alma.

(Queda como muerto. Sube en elevación de rodillas. Suena música y cruzan
dos Ángeles cantando y esparciendo flores con que quedarán formadas sobre
la cabeza de San Juan corona.)

Ángeles (Cantando.)    En la hora dichosa
                       camine a la patria

|                     |                              |      |
|---------------------|------------------------------|------|
|                     | triste pasajero,             |      |
|                     | que el desierto acaba.       | 1015 |
|                     |                              |      |
| Ángel 1º            | Con flores ornemos           |      |
|                     | senda a su jornada,          |      |
|                     | y viva con flores            |      |
|                     | a quien flores matan.        |      |
|                     |                              |      |
| Ángel 2º            | Las cuales, tejidas          | 1020 |
|                     | en cuatro guirnaldas,        |      |
|                     | son laureolas cuatro,        |      |
|                     | a un tiempo le aclaman.      |      |
|                     |                              |      |
| Los dos             | Virgen, confesor,            |      |
|                     | doctor y, en sus ansias,     | 1025 |
|                     | mártir que por Cristo        |      |
|                     | dio la vida amada.           |      |

(Desaparecen. Baja la elevación.)

(Salen el Prior, Don Luis y Félix.)

|                     |                              |      |
|---------------------|------------------------------|------|
| Prior               | ¡Qué gloria igual a la que   |      |
|                     | goza en eternas moradas!     |      |
|                     |                              |      |
| Félix               | Muriera, si mi pesar         | 1030 |
|                     | esta gloria no templara.     |      |
|                     |                              |      |
| Luis                | Señale el once de junio,     |      |
|                     | por día infausto, Salamanca. |      |

(Sale Pedro.)

|                     |                              |      |
|---------------------|------------------------------|------|
| Pedro               | ¿Que mi padre murió? Mienten,|      |

si lo dicen las campanas.                    1035
¡Mi padre! Mas ya está frío.
¡Ah, bruja, hechicera! ¡Maga!
Infame Leonor.

(Sale Leonor.)

Leonor                     Aquí
me tenéis. Vibre la espada,
contra mí, de su justicia                    1040
el que es Dios de las venganzas.
Pero no, que de mi culpa,
arrepentida y postrada
a sus pies conozco que es
obra suya mi mudanza.                        1045

(Sale Doña María.)

Doña María          Lo mismo digo yo. Pues,
a prodigios admirada,
es centro de mansedumbres
doña María la brava.

(Sale Diego.)

Diego               Verlo quieren mis fatigas.      1050

(Sale Clara.)

Clara               Lo mismo buscan mis ansias.

Pedro               Véanlo, que los quiso mucho
su padrino de su alma,
más que lo que aquí sale,

|        |                              |      |
|--------|------------------------------|------|
|        | ¿es que ninguno se casa?     | 1055 |
| Leonor | Yo sí, con Cristo, pues quiero<br>que, quien suelta y desahogada<br>vivió de ira vestida,<br>muera en clausura descalza. | |
| Todos  | ¡Prodigiosa mutación,        | 1060 |
|        | con que felizmente acaba,<br>entre tempestades de iras,<br>el Iris de Salamanca! | |

Fin de la comedia

## Libros a la carta

A la carta es un servicio especializado para
empresas,
librerías,
bibliotecas,
editoriales
y centros de enseñanza;
y permite confeccionar libros que, por su formato y concepción, sirven a los propósitos más específicos de estas instituciones.

Las empresas nos encargan ediciones personalizadas para marketing editorial o para regalos institucionales. Y los interesados solicitan, a título personal, ediciones antiguas, o no disponibles en el mercado; y las acompañan con notas y comentarios críticos.

Las ediciones tienen como apoyo un libro de estilo con todo tipo de referencias sobre los criterios de tratamiento tipográfico aplicados a nuestros libros que puede ser consultado en Linkgua-ediciones.com.

Linkgua edita por encargo diferentes versiones de una misma obra con distintos tratamientos ortotipográficos (actualizaciones de carácter divulgativo de un clásico, o versiones estrictamente fieles a la edición original de referencia). Este servicio de ediciones a la carta le permitirá, si usted se dedica a la enseñanza, tener una forma de hacer pública su interpretación de un texto y, sobre una versión digitalizada «base», usted podrá introducir interpretaciones del texto fuente. Es un tópico que los profesores denuncien en clase los desmanes de una edición, o vayan comentando errores de interpretación de un texto y esta es una solución útil a esa necesidad del mundo académico.

Asimismo publicamos de manera sistemática, en un mismo catálogo, tesis doctorales y actas de congresos académicos, que son distribuidas a través de nuestra Web.

El servicio de «libros a la carta» funciona de dos formas.

1. Tenemos un fondo de libros digitalizados que usted puede personalizar en tiradas de al menos cinco ejemplares. Estas personalizaciones pueden ser de todo tipo: añadir notas de clase para uso de un grupo de estudiantes, introducir logos corporativos para uso con fines de marketing empresarial, etc. etc.

2. Buscamos libros descatalogados de otras editoriales y los reeditamos en tiradas cortas a petición de un cliente.